学校教育と生活指導の創造
―福祉社会・情報社会における学校と地域―

山本敏郎・鈴木庸裕・石井久雄 著

講座 現代学校教育の高度化　小島弘道 監修　18

学文社

執筆者			
山本 敏郎	日本福祉大学	第1章・第2章・第3章・第4章・第5章
鈴木 庸裕	福島大学	第6章・第7章・第8章
石井 久雄	明治学院大学	第9章

監修にあたって

　現代の学校は，社会のドラスティックな変化を前に，その社会に生きる上で直面する様々な課題に向き合い，解決して自分なりの生き方を選択，設計，実現するための「生きる力」の育成ほか，知識基盤社会など社会の新たなかたちに対応しうる人材を育成することが期待されている。その担い手としての教師をどう育成し，かつその質をどう高めるかは喫緊の課題であることは異論のないところだろう。これまで教員養成に対しては主として学部レベルの知や技の在り方を探り，さらに現職研修の充実によって対応してきた。しかし近年，教職大学院の設置や既存の教育系大学院の改革により教員を養成することに強い関心を寄せてきている教育政策からは，今後の教員養成は大学院レベルで行うことが望ましいとする方向が見え隠れする。しかし，それは教師の一部に限ってそうしようとするものであるばかりか，その大学院でいかなる知と技によって優れた教師を育成するかについては，その制度設計も含め，改善，改革すべき課題が山積し，その多くは今後に残されたままである。

　またそこでめざす職業人としてのかたちが「高度専門職業人」であるとされながらも，そこでの教師像，力量，そのために必要な育成や養成のシステムなどについて明確にされているというにはほど遠いというのが現実である。

　高度専門職業人としての教師であるためには，次の３つの知が不可欠だと考えられる。
- 専門性の高度化を持続させる知
- 専門性を成熟させる知
- 専門性を学校づくりに生かす知

　高度専門職業人であることは，高度な専門性を追究し，その分野のスペシャリストとして自らの教職キャリアを選択する方向，また求められるならばこれまで培ってきた専門性を基盤としてそれを学校づくりに生かすという教職キャ

リアを選択する方向があるだろう。そのいずれの方向であれ,「高度」というものがつきまとい,その実体を身に付けた教師であることが求められている。専門性は今や膨らみを持たせて語ることが重要である。授業実践にとどまらず,学校づくりにつながる授業実践の視野が求められる。その意味でも「専門性を学校づくりに生かす知」という視点は不可欠だと思う。その際,期待する教師像は「考える教師」,つまり「省察,創造,実践する教師」に求めたい。

　高度専門職業人としての教職に必要な知のレベルは「大学院知」としてとらえたい。この内実を明確にし,その知を実践に即して振り返り,その知を進化,発展させ,さらに新たな知を創造すること,それを教育実践と学校づくりとの関連で相互に生かす知として編集することができる力量の育成を通して,教職を名実共に成熟した専門職にまで高め,その専門性を不断に進化,成熟させるにふさわしい力量を備えた教師を育成する知を解明することが大切である。高度専門職業人であるための知は,大学院修了の資格を有しているか,いないかにかかわらず,その水準を「大学院知」に設定したい。そうした知の育成,展開をめざした研修でもありたい。さらに言えば本講座を通して「大学院知」のスタンダード,スタンダードモデルを創造し,発信するメッセージとなれば幸いである。

　本講座を構成する知は,①**知識基盤テーマ群**,②**学校づくりテーマ群**,③**教育実践テーマ群**,④**教育内容テーマ群**,の４群から構成した。各巻における編集・執筆の観点は,テーマをめぐる,①問題・課題の状況,②これまでの,そして現在の,さらにこれから必要とされる考え方や知見,③学校づくりや学校変革への示唆,である。

監修　小島　弘道

まえがき

　本書『学校教育と生活指導の創造』は，〈講座 現代学校教育の高度化〉の第18巻として編集されている。本講座が「大学院知」（「監修に当たって」参照，本書2頁）を想定していることから，本書では，生活指導にかかわる基礎的な知識については論及していない。生活指導が大正デモクラシーを背景に民主主義教育の一環として登場したこと，生活指導の4類型（ガイダンス，生活綴方，集団主義，生徒指導），領域－機能論争（小川－宮坂論争），生活者としての子ども観等々については既知であることを念頭においている。

　また，不登校，いじめ，虐待，非行・問題行動，懲戒，体罰などの具体的な実践課題については直接ふれていない。これらもまた学士課程において基本的な知識や考え方は習得済みだろうし，17巻『学校教育と学級・ホームルーム経営の創造』，19巻『学校教育と教育カウンセリングの創造』，20巻『学校教育とキャリア教育の創造』において，具体的な実践課題は扱われるからである。そこで，本書は，「変化の激しい社会」のなかで，生活指導と呼ばれる教育実践が直面している課題について論及し，研究的課題を提起することを目的として編集した。

　そうは言うものの，生活指導の原点だけは確認しておきたい。冒頭述べたように，生活指導は大正デモクラシーを社会的・思想的な背景としながら，教育の国家統制に抗する教育実践として誕生し，今日まで継承されてきた。とりわけ生活指導は，子どもを一方的に教育されたり管理されたりする「被教育者」ではなく，自らの必要と要求にしたがって，他者とともに生活をつくり，自らの人生を生きる生活者だととらえてきた。

　昭和期の生活指導を担った東北地方の生活綴方教師たちの考え方を「生活台の思想」ということがある。生活台とは，近代化が遅れ，封建的な生産様式と

これによってつくられた封建的な意識，冷酷な自然現象といった地域の特殊性と，ここから逃げることができず，これらと向かい合って何としてでも生き抜かなくてはならない生活現実を表現した言葉である。

そして「生活台の思想」とは教師も子どもも地域の住民も，生活台と向かい合って（「正しく姿勢する」），生活現実を生き抜き，生活をつくりかえるための生活意欲，生活知性，生活技術，連帯する力，組織的行動力を育てる実践をつくる必要があるという考え方である。

今こそ，「生活台の思想」を継承し，創造的に展開しなければならない。1990年代半ばに「再始動」した新自由主義はその後新保守主義と結びついて，生存権・教育権・労働権の解体や縮小を進めてきた。その結果，国民の福祉・生存，教育・学び・育ち，労働に国は責任をもたないという自己責任社会と深刻な貧困社会が，まさに今日の「生活台」として出現してきた。この現代の「生活台」に私たちはどう向かい合っていけばよいのか。今必要な，生活現実を生き抜き，生活をつくりかえるための生活意欲，生活知性，生活技術，連帯する力，組織的行動力とは何か。これの課題の解明が私たちには求められている。これが本書がもっているもう一つのコンテキストである。

そこで，第1～2章で，社会や権力のありようの変化のなかで生活指導研究が直面している課題について述べ，第3～5章で新しい実践的な研究課題を提案した。第6～8章では，学校の生活指導がかかえている課題の根底には福祉問題があるということや，生活指導は教育実践のなかから生み出された言葉ではあるが，実は学校で行われていた福祉でもあったのではないかという問題意識から，生活指導を福祉の視点から再定義し，課題を提案することを意図した。さらに第9章では，情報化社会のなかで子どもがかかえる問題や困難さとそれへのアプローチについて考察した。

私たちが直面している課題は小さくはないが，これらの課題を共有して，研究と実践に役に立てていただければ幸いである。

著者を代表して　山本　敏郎

目　次

監修にあたって
まえがき

第1章　教育改革と生活指導の課題 ―――― 7

　第1節　教育改革の現在　7
　第2節　国家への国民の義務としての教育　10
　第3節　21世紀の新しい社会構想　13
　第4節　「新しい公共」を担う「よき市民」　16
　第5節　教育改革のもとでの生活指導研究の課題　19

第2章　環境管理型権力と生活指導 ―――― 23

　第1節　「強い『指導』」と呼ばれるものの正体　23
　第2節　規律社会における規律・訓練権力　25
　第3節　管理社会における環境管理型権力　27
　第4節　環境管理型権力と対峙する生活指導　33

第3章　権利としての反貧困と生活指導 ―――― 39

　第1節　貧困を経済的貧困（poor）と同一視することへの疑い　39
　第2節　貧困と豊かさ―poverty vs well-being　40
　第3節　貧困を捉える生活指導の視点　43
　第4節　権利としての反貧困　46
　第5節　反貧困に挑む子ども集団づくり　49

第4章　子ども集団づくりのパースペクティヴ
　　　　―アソシエーションの視点から― ―――― 55

　第1節　子ども集団づくりの二つの視点　55
　第2節　生活をつくりかえる運動の主体としての子ども集団　56
　第3節　アソシエーション過程としての集団づくり　61
　第4節　オルタナティヴ・ストーリーを紡ぎだす自治活動　65

第5章　当事者性のある生活と学びの創造 ―――――――――――71

第1節　傍観者ではなくて当事者へ　71
第2節　当事者性をたちあげる　72
第3節　他者の呼びかけに応答して当事者性をたちあげる
　　　　―自己の視点を超えて他者の視点へ―　74
第4節　呼びかけに対する責任としての応答　76
第5節　他者と現実を共有するとき当事者性がたちあがる　78
第6節　応答する責任としての学び　80
第7節　新自由主義と新保守主義を越える学びの可能性　83

第6章　生活指導と学校福祉 ―――――――――――――――86

第1節　学校における福祉的機能の潜在化　86
第2節　内発的な結びつきをめぐる歴史的課題　90

第7章　学校教育におけるソーシャルワークの創出 ――――――101

第1節　「事実としての福祉」への接近　102
第2節　教育と福祉の「谷間」論の克服　104
第3節　アメリカにおける学校ソーシャルワークの歴史と現状から　107
第4節　エンパワメントとアドボカシーの機能　111
第5節　学校におけるソーシャルワーク機能　114

第8章　家庭―学校―地域をつなぐ対人援助専門職 ―――――120

第1節　学校ソーシャルワークの役割　120
第2節　子どもの「生活の全体性」への着目　129
第3節　対人援助職としての教師像　132

第9章　情報社会に生きる子どもと生活指導 ―――――――――136

第1節　子どもとケータイの結びつき　136
第2節　ケータイ・ネット利用にまつわる問題の在処　137
第3節　文科省のケータイ・ネット対策の変遷　143
第4節　情報社会における生活指導にむけて　151

索　引　155

第1章　教育改革と生活指導の課題

第1節　教育改革の現在

1　1990年代の教育改革

　1990年代半ばに橋本龍太郎内閣によって新自由主義的な福祉構造改革が本格的に再始動した⁽¹⁾。橋本内閣は，ベルリンの壁の崩壊を契機に，国際社会における日本の位置を「西側の一員」から「世界のリーダー日本」「フロントランナー日本」へと変え，自民党行革推進本部「橋本行革の基本方向について」(1996年6月) において，政権の課題を次のように述べた。

　　「国際社会・経済の領域でも，市場経済の拡大と進化が進む一方，ヒト，モノ，カネ，情報が極めて迅速に地球規模（グローバリゼーション）で動き回るようになってきている。企業は，激しい競争に勝ち抜くため，有利な環境を求めて国境を越えて移動（経済の空洞化）するようになり，いわば，ヒトや企業が国を選ぶ時代が到来しようとしている。一言で言えば，『大競争（メガ・コンペティション）時代』の到来である。」

　ベルリンの壁の崩壊によって新たな生産拠点とマーケットを獲得する可能性が広がった。そこで，日本企業を多国籍企業化して，新たな生産拠点を海外でネットワーク化し，経済大国としての国際的な地位を確立しようというのである。そしてそのために，福祉・医療・教育などの分野で公的な支出を削減したり，消費税を導入してきたのである。

　教育改革もその一環として進められた。多国籍企業で働く有能な人材を養成するために，所有型学力を活用型学力（いわゆる新学力観）に転換させ，日本経営者団体連盟「新時代の日本的経営」(1995年) が提唱した長期能力蓄積活用

型と高度専門能力活用型の育成に力を注ぎ，柔軟雇用型予備軍には「落ちこぼれも個性」だとして学力を保障しない政策を採った。1998年版の学習指導要領において教育内容が3割削減されたが，「ゆとりと充実」がキャッチフレーズにされたことから，「ゆとり教育」と俗称されることとなった。学区自由化，学校選択性，学校五日制が導入されたのもこの時期である。

2　教育改革のスピードアップ

21世紀に入って，1990年代に進められてきた新自由主義的教育改革に若干の軌道修正を迫る事態が出来した。経済のグローバル化とメガコンペティションに対応する人材が育っていないことや，先端的科学技術の研究開発において十分な成果が上がっていないことに加え，いわゆる新しい「荒れ」の広がりや「学力低下」に対する危機意識が財界のなかに広がっていった。こうした背景から，小渕恵三，森喜朗政権の時代になると，「ゆとり教育」批判と「基礎・基本」の徹底，個人主義・自由主義批判と道徳教育や奉仕活動を強調する新保守主義の潮流が台頭し[2]，2006年安倍晋三政権の下で行われた教育基本法「改正」の下書き的な役割を果たした教育改革国民会議の最終報告「教育を変える17の提案」(2000年) が作成される。

しかし新保守主義の台頭は新自由主義の後退を意味するのではない。教育改革国民会議の中間報告 (2000年) では「我が国には，政治，経済，環境，科学技術，その他新しい分野で世界をリードしていく識見を持ったリーダーが必要である。また，博士号や修士号などを有する専門家が活躍する諸外国と伍していくためには，今以上に高い専門性と教養をもった人間の育成が求められている」と述べられ，最終報告でも一人ひとりのもって生まれた才能を伸ばすとともに，それぞれの分野で創造性に富んだリーダーを育てる教育システムを実現するという新自由主義の視点が堅持されている。そのうえで「自分自身を律し，他人を思いやり，自然を愛し，個人の力を超えたものに対する畏敬の念を持ち，伝統文化や社会規範を尊重し，郷土や国を愛する心や態度を育てる」という新保守主義の言説が書き加えられているのである。思想や理念の上では対立しさ

えする新自由主義と新保守主義がタッグを組んだといってよいだろう。

その理由は，教育改革のスピードアップを図る必要があったからである。教育基本法「改正」はその一環として企図されたものである。この経緯についての渡辺治の分析は興味深い。教育改革国民会議には，日本企業の多国籍企業化にあわせたエリートとスペシャリスト養成を進める勢力と，低学力，いじめ，不登校，暴力などの原因は「ゆとり」教育と個性重視の教育にあるとし，道徳教育の強化，家庭教育の重視，国家への忠誠，父性の復権，教育基本法の「改正」を進めたい勢力とがある。教育改革主流派の前者にとって，教育基本法「改正」は関心事ではないが，教育改革の財政的保障や法的な手続きの簡素化を図るために，教育振興基本計画の推進を教育基本法に書き込むことを決断し，教育基本法「改正」に熱心だった新保守主義の勢力とともに，「改正」に同意したというのである[3]。

3　新保守主義による新自由主義の補完

もう一つの理由は，小泉純一郎政権の構造改革それ自体は「成功」を収めるものの，構造改革による勝ち組・負け組の分裂，地域の人間関係の解体，家族の崩壊と教育力の低下，不祥事の多発，子どもの学ぶ意欲やモラルの低下などへの弥縫策が必要だったことである。

デヴィット・ハーヴェイ（David Harvey）は，こう述べている。「新保守主義は，エリートによる統治，民主主義への不信，市場の自由の維持といった新自由主義的政策目標と完全に一致している」が，二つの点で新自由主義の行動様式に変更を加える。「まず第一に，個人的利益のカオスに対する回答として秩序を重視していること，第二に，内外の危険性に直面した場合に国家を安全に保つ上で必要な社会的紐帯として，道徳を重視したこと」なのだ[4]と。

渡辺も，ハーヴェイの把握と同様に，新保守主義を新自由主義の諸結果に対する支配階級の補完措置と捉えている。そして，新保守主義が社会の分裂・解体に強い危機感をもち，社会的まとまりの規範的再建を主張するという性格を述べたうえで，「新保守主義は，そうした点から新自由主義と鋭く対立し，と

きに新自由主義を激しく非難するが，客観的には，支配と統合の補完的イデオロギーとして統合の破綻を回避するうえで一定の役割を果す」「新保守主義は新自由主義の函数」である(5)，と分析する。

新保守主義による新自由主義の補完という分析は重要である。この分析に従えば，小泉政権の終盤に文科省からも発信されたゼロトレランスや第2次安倍政権による改憲構想，道徳の特別教科化構想などの新保守主義的な施策は新自由主義教育改革の一環である。

ただし新保守主義の新自由主義に対する相対的な独立性を無視したり，その暴走を軽視してはならない。教育改革国民会議最終報告「教育を変える17の提案」(2000年)以来，子育てに対する家庭の第一義的責任，道徳心や公共心が必要というキャンペーンも奏功して，「豊かな情操と道徳心を養う」とか「公共の精神を尊ぶ」などアンケート項目への支持は高く，国民の間にも新保守的言説は受け入れられている点には注意しなければならない。

自己責任や個人の自由の最大限の実現を重視する新自由主義と，社会的紐帯や共同体の規範・秩序を強調する考え方とがこうして接合するのだが，ニコラス・ローズ（Nicolas Rose）はこれを「アドヴァンスト・リベラリズム（advanced Liberalism）」(6)と呼ぶ。教育改革の局面は，新しいエリートとスペシャリストの養成や国家や企業からの自立を進め，教育の市場化や国家による規制緩和を推進してきたネオリベラリズム（新自由主義）段階から，新しいエリートとスペシャリストの養成という目標は堅持しつつ，そのスピードアップや社会的統合を進めるアドヴァンスト・リベラリズムの段階に移ったといえるだろう。

第2節　国家への国民の義務としての教育

1　統治としての教育

「教育を変える17の提案」と同じ時期に，21世紀日本の構想懇談会（座長，河合隼雄）の最終報告『日本のフロンティアは日本のなかにある』（2000年1月18日，以下，『フロンティア』）が提出されている。これは小渕首相から委嘱され，

21世紀の日本の課題と方策を中長期的観点から整理した提言集である。

『フロンティア』の第5章「日本人の未来」において，この懇話会に設置された第5分科会が，教育には「統治としての教育」と「サービスとしての教育」との二面性があると述べている。まず「統治としての教育」の説明を聞こう[7]。

「国家にとって教育とは一つの統治行為だということである。国民を統合し，その利害を調停し，社会の安寧を維持する義務のある国家は，まさにそのことのゆえに国民に対して一定限度の共通の知識，あるいは認識能力を持つことを要求する権利を持つ。」

「義務教育という言葉が成立して久しいが，この言葉が言外にさしているのは，納税や遵法の義務と並んで，国民が一定の認識能力を身につけることが国家への義務であるということにほかならない。」

義務教育の義務とは"国家への国民の義務である"と明言されている点に注目しよう。教育が国家の統治行為であること，とりわけ「国民が一定の認識能力を身につけることが国家への義務」という件について，第5分科会の座長を務めた山崎正和は自著のなかで次のように説明している。約言すると，日本人が「日本語という共通知」をもたなければ日々の生活は成り立たない。最低限度の算術を知らなければ買い物もできないし，小売商を営むこともできない。ものを盗んではならないとか，人を殺してはいけないという規範意識がなければ社会生活は破綻する。だから国民には「無知である自由，あるいは無知である権利」はない。知識は個人にとって便利な道具ではなくて，「文明社会においては持つことを義務づけられたものなの」だと述べている。「国家」というかたちをとっている「現代における人類社会」で生活するためには，国家が求める知識やものの見方を身につけることは国民の義務だというわけである[8]。日本国憲法と1947年の教育基本法は，「現代における人類社会」で生活するために必要な知識やものの見方を身につけることは国民の権利であり，それを保障することが国家の責務といってきたのだが，『フロンティア』はこれを「解釈改憲」によってひっくり返している。

2 「サービスとしての教育」―教育の民営化と自己選択

つぎに,「サービスとしての教育」である[9]。

「教育は一人ひとりの国民にとっては自己実現のための方途であり,社会の統一と秩序のためというよりは,むしろ個人の多様な生き方を追求するための方法である。この第二の側面においては,国家の役割はあくまでも自由な個人に対する支援にとどまり,近代国家が提供するさまざまなサービスのひとつに属すると考えるべきであろう。この側面における教育については,国家は決して強制権を持つべきではないし,また持つことは不可能であろう。」

さらに,「統治としての教育」と「サービスとしての教育」との関係について,『フロンティア』は両者の線引きは難しいとしつつも,両者の混同を強く戒めて,「先に述べた二種類の教育が安易に混淆され,サービスとしての教育が生徒にとって義務となり,統治行為であるべき教育があたかもサービスであるかのように見えるならば,そのどちらも本来の機能を発揮することはできない」[10]と述べる。

山崎は,教育は国家による統治行為なのだが,第二次世界大戦以後は,「独立した個人として自己を実現していく営みを助ける」サービスも国家の仕事と考えられるようになったため,「学校がしだいにサービス教育に傾き,社会の全体が錯覚を起こし,統治としての教育を忘れた結果,今日最大の問題は,学校がしだいに本来持つべき権威を失いつつある」と指摘する[11]。『フロンティア』も,「サービスとしての教育」を過剰に引き受けたため,「日本が工業社会からポスト工業社会に移る中で,それを支える先駆的人材が他の先進国に比べて育ちにくい」と現状の問題点を指摘する。そして「成功した日本の教育は余りにも至れり尽くせりの教育条件を用意し,結果として教育し学習する人間に緊張感を失わせた」と分析し,「義務教育の教育内容を五分の三にまで圧縮し,義務教育週三日制を目指す」,さらに「専門的な学業・芸術・スポーツなどは民間の教育機関に委ねる」と提案する[12]。

山崎によると,この「民間の教育機関」には学習塾,職人の徒弟制度,スポーツや芸術の専門学校,宗教法人などが想定されており,「就学年齢や教科の

段階」を統一する必要もないという⁽¹³⁾。そして「あえて極論をいえば」といいつつ、「統治としての教育」の一環として行うのは読み・書き・算術と遵法教育、それ以外のすべての教科はサービスとしての教育だという⁽¹⁴⁾。つまり、教育は統治行為の一環として、義務教育は週3日制で、教育内容は現在の5分の3に圧縮し、読み・書き・算術と遵法教育を行う。それ以外の時間は民間の教育機関に専門的な学業・芸術・スポーツにかかわる教育を委ねるという構想である。

第3節　21世紀の新しい社会構想

1　統治から協治へ

　教育改革はどういう社会を構想し、どういう人間を期待しているのかをみていこう。『フロンティア』は統治（government）から協治（governance）への転換を強調する。

　「従来の統治」は、「『上から下へ』、あるいは『官から民へ』という官尊民卑型」⁽¹⁵⁾とイメージされる「行政的決定・裁量に傾斜した垂直的社会関係を前提と」⁽¹⁶⁾する行政システムであり、「統治する主体（国家）」と「統治される客体（国民）」という関係において、政策立案、執行、評価をすべて国家という「官」が独占してきた。

　これとは異なり、「新しいガバナンスとは、国家と社会の間に多次元的な相互関係が成立する形態である。統治を『官』に独占させるのでなく、多元的なアクターが責任を持って参加し責任を共有する仕組みである」⁽¹⁷⁾という。また、統治が垂直的社会関係を前提としていたのに対して、「新しいガバナンスはより水平的な関係」⁽¹⁸⁾で行われる。

　「官」とともに「これからの協治」を担う「多元的なアクター」として期待されているのは、企業、大学、専門家、NGO、NPO、公益法人、ボランティアなどである。これらが「多元的なアクター」を構成して「官」とともに政策立案、執行、評価を担い進めていくことが想定されている。このように、従来

の「官」に「多元的なアクター」を加えて、「官」と「民」（の一部）が協同して政治を行う行政システムが協治である。

2 「協治」によってつくられる「新しい公共」

「統治」から「協治」への転換と同じような意味で、従来の公に対する「新しい公」や「新しい公共」が提案されている。『フロンティア』は、従来の公を「『お上』や『官』に一方的に決められ、強いられてきた従来の『公共』や『公益』と称するもの」と断定し、これにかわる「新しい公」を、「個人を基盤に力を合わせて共に生み出す新たな公」[19]だとする。

この「新しい公共」には二つの意味がある。一つは、今述べてきたような「官」と「多元的なアクター」からなる「新しい公共サービスの提供主体」である。これからは、公的課題（パブリックイッシュー）の解決を企業、大学、専門家、NGO、NPO、公益法人、ボランティアなどで分担しようというわけである。

先ほどの「統治としての教育」と「サービスとしての教育」を例に考えてみよう。週3日読み・書き・算術と遵法教育を行うのが従来からの公すなわち「官」（government）の仕事で、残りの日・時間に専門的な学業・芸術・スポーツにかかわる教育を提供するのが、教育産業、学習塾、職人の徒弟制度、スポーツや芸術の専門学校、宗教法人などの「多元的アクター」である。そしてこれら「官」と「多元的アクター」が「新しい公共サービス（教育サービス）の提供主体」であり、これらによる教育行政の推進が「協治」である。

もう一つの「新しい公共」の意味は、「新しい公共社会」とでもいうべき社会である。「自発的な個人によって担われる多元的な社会で、自己責任で行動する個人とさまざまな主体が協同して、これまでとは異なる「公」を創出していくような『ガバナンス』」[20]という言説をはじめとして、『フロンティア』で用いられている表現を組み合わせると、「自己責任で行動する個人」や「自由で、自立し、責任感のある」個が、「自らの意思で公的な場に参画する」主体として、「自分の所属する場にとらわれず、自分の意思で、意識的に社会へ関わり合う」社会である。

再び，教育の例をもとに考えてみよう。「官」と「多元的アクター」が「公共サービス（教育サービス）」を提供する。提供される側は，提供されたサービスのなかからどれを選ぶか（購入するか）を自分の意思や能力にもとづいて選択・決定し，サービス提供主体と契約することになる。新しいサービス提供主体およびこれと自己責任をもって契約できる人間とで「新しい公共社会」が編成される。

3 「新しい公共」の公共性

今見てきたように，「新しい公共セクター」は「官」と「多元的セクター」から構成される。このことは1990年代の半ばに始まったことで新しいものではない。当時は「多元的セクター」の参入を民営化とか民間活力の導入と呼んでいたのだが，『フロンティア』は，民間のセクターも含めて「新しい公共セクター」と呼ぶようになったということである。またあとで取り上げるが，2002年4月の中央教育審議会中間報告がボランティアやNPOの活動を，「従来の『官』と『民』という二分法では捉えきれない新しい『公共』のための活動」と説明していることからも，「新しい公共セクター」は，従来の「官」と「民」という別のセクターを合体させたものだということがわかる。だとすると「新しい公共セクター」は，官が担うべき責任を担わない点で，従来の公よりもその公共性は低い。

この点について，ハーヴェイは「政府（ガバメント）（国家権力そのもの）からガバナンス（市民社会のキーパーソンと国家とのより広い編成構造）への重心移動は新自由主義の特色である」[21]と述べたうえで，民主主義の退行であると批判している。民間の多元的セクターやハーヴェイのいう「市民社会のキーパーソン」が教育や福祉のサービス提供者として「新しい公共セクター」を構成しても，市民の生存権や教育権を保障するための事業展開をするとは限らない。市民の代表として選出されていない私的なエージェントが政策立案や事業の調整を行えば，代表制民主主義の形骸化を進めることになる。

第4節 「新しい公共」を担う「よき市民」

1 「コミュニティ」に参加する道徳的な義務

つづいて,「新しい公共社会」の住人は, どういう人間なのかを明らかにしていく。

国(「官」)が福祉・医療・教育・労働にかかわる権利保障を縮小すれば, 人々は自分の必要や要求と能力や条件にしたがって, どういう医療を受け, 住宅に住み, 教育を受け, 生命保険に加入し, どういうエンプロイヤビリティを身につけるかをすべて自分の責任で決めなくてはいけない。その決定はときとして望まない結果をもたらすこともある。そのリスクを計算しながら自分の生涯設計をしなければならない。こうした事態について渋谷望は, 新自由主義は人々をライフスタイルの主体, ライフ・プランニングの主体に育てるのだと指摘している。

「ネオリベラル社会政策が創出しようとしているのは『ライフスタイル』の主体である。それは個人にライフスタイルの〈選択〉の権利を与えると同時に, その〈責任〉を引き受けることを要請する。それゆえそれは『ライフ・プランニング』(生涯設計)の主体でもある。個人が選択したライフスタイルを成就するために——社会計画によってではなく——個人による慎重な計画を通じたリスク管理が強要されるのだ」[22]。

ライフスタイルの主体であることを余儀なくされた人々は, 他者との関係やコミュニティへの所属感を失ったり, 国に対して信頼をおかなくなったりする。そこで再び国や共同体との関係を結び直すために,「新しい公共社会」への参加を呼びかけたのである。ただし, それは剥奪した権利を戻すのではなく,「新しい公共」への参加を義務として課そうというのである。

「人は生命, 自由, 幸福を追求する権利をもつが, それは公共の福祉を共に実現していくかぎりにおいてである。国民主権の基礎が各人の自己責任にあることを自覚するならば, 各人が自然環境・生活環境の改善に積極的に関

わりを持つ用意があること，いいかえれば公共的役割をになうことが，国土の保全と社会の安全とを確保していく上で最大の鍵である。」(23)

　日本国憲法は，国に対して，生存権・教育権・労働権などの社会権の保障を求めるとともに，国家による「生命・自由・幸福追求」の権利をはじめとする自由権への侵害を戒めている。国民主権はこうした社会権とそれを基礎とした自由権によって成り立っている。ところが『フロンティア』は，生存権・教育権・労働権が無条件に保障されるべきであることには言及せず，「自然環境・生活環境の改善」のような公的課題(パブリックイッシュー)の解決への参加を市民の自己責任として義務づけようする。このことは言外に，自己責任を果たすことのできる人間のみが国民に値するとか，「新しい公共社会」のメンバーであるというに等しい。

2　教育の課題としての「よき市民」の育成

　この課題は，2002 年 4 月の中央教育審議会中間報告において，よりアドヴァンスト・リベラリズムの特徴を刻印し，教育の課題として引き取られていく。中教審中間報告は，ボランティアや NPO の活動を，「従来の『官』と『民』という二分法では捉えきれない新しい『公共』のための活動」とし，これらの活動を通して「新しい『公共』を担う『よき市民』を育成すること」を提案した。さらに，2003 年 3 月の中教審答申「新しい時代にふさわしい教育基本法と教育振興基本計画の在り方について」では，「新しい『公共』を創造し，21 世紀の国家・社会の形成に主体的に参画する日本人の育成」という章で，次のように提案している。

　「…これまで日本人は，ややもすると国や社会は誰かがつくってくれるものとの意識が強かった。これからは，国や社会の問題を自分自身の問題として考え，そのために積極的に行動するという『公共心』を重視する必要がある。

　近年，阪神・淡路大震災の際のボランティア活動に見られるように，互いに支えあい協力し合う互恵の精神に基づき，新しい『公共』の観点に立って，地域社会の生活環境の改善や，地球環境問題や人権問題など国境を越えた人

類共通の解決に積極的に取り組み，貢献しようとする国民の意識が高まりを見せている。個人の主体的な意思により，自分の能力や時間を他人や地域，社会のために役立てようとする自発的な活動への参加意識を高めつつ，自らが国づくり，社会づくりの主体であるという自覚と行動力，社会正義を行うために必要な勇気，『公共』の精神，社会規範を尊重する意識や態度などを育成していく必要がある。」

ここでいう「国づくり，社会づくりの主体」とは，「中間報告」がいう「よき市民」であるが，次の一節をみると，その「国づくり，社会づくりの主体」というときの「主体性」や「よき市民」というときの「よさ」が何を意味するのかがいっそう明らかになってくる。

「阪神・淡路大震災のときにしめされたように，緊急時における地域コミュニティの役割はきわめておおきい。環境保全や安全の確保はもはや政府のみのよくするところではない。それを政府のみにゆだねれば，対応能力を引き下げるだろう。政府のみならず，NPO・ボランタリー組織や地域社会の住民が協力して主体的にとりくむべきことがらである」。

「新しい公共セクター」が政府（官）とNPO・ボランタリー組織や地域社会の住民（多元的セクター）によって構成されるというのは，先にみたとおりである。ここではさらに，「答申」は，政府には対応する意志や能力がないことを前提として，「NPO・ボランタリー組織や地域社会の住民」が自己責任をもって「主体的にとりくむべき」というのである。

ところで，この答申より7年も前に，ローズは次のようにアドヴァンスト・リベラリズムの特徴と問題点を指摘している。

「積極的に応答できる自己（actively responsible self）というこの新しい体制において，個人はその国民としての義務を互いの依存と義務の関係をとおしてではなく，さまざまなミクロなモラル領域ないしは『コミュニティ』——家族，職業，学校，余暇クラブ，近隣——における実現をとおして果たすものとされる」。[24]

あたかも，7年後にこの答申が出るのを知っていたかのようなローズの批判

である。国や社会がかかえている課題に，コミュニティを通じて「積極的に応答できる」人間が「国づくり，社会づくりの主体」であり「よき市民」である。

2003年の中教審答申では，そのための教育内容が明らかにされている。

「これからの教育には，『個人の尊厳』を重んじることとともに，それを確保する上で不可欠な『公共』に主体的に参画する意識や態度を涵養することが求められている。このため，国民が国家・社会の一員として，法や社会の規範の意義や役割について学び，自ら考え，自由で公正な社会の形成に主体的に参画する『公共』の精神を涵養することが重要である。さらに，社会の一員としての使命，役割を自覚し，自らを律して，その役割を実践するとともに，社会における自他の関係の規律について学び，身に付けるなど，道徳心や倫理観，規範意識をはぐくむことが求められている。」

こうして，「新しい公共心」はこれからの教育の課題とされたのである。ここで「国家の一員」ではなくて，「国家・社会の一員」とされていることに注意しておかなければならない。国家による「統治」に従属するだけではなく，「新しい公共社会」にも自らの責任において「サービス提供の主体」となるか，「サービス提供の主体」に対する契約主体でなければならないのである。

第5節　教育改革のもとでの生活指導研究の課題

新自由主義構造改革によって破壊された共同的な関係の再構築は社会的・政治的な課題であり，共同的な関係を再生する力を育てることが教育改革の課題の一つであることは間違いないが，今進められている教育改革と生活指導運動とではその解決の方向性はまったく異なる。

教育改革が前提としている新しい社会とその住人は次のように整理することができるだろう。

A．専門家，NGO，NPO，公益法人，ボランティアなど，国家（「官」）とともに制度設計，政策立案，評価，事業にたずさわることのできる層。

> B．最低限のリスクマネジメントができ，コミュニティや国家の一員としての義務を果たすことのできる層。
> C．リスクマネジメントができず，コミュニティや国家への義務を果たすことのできない層。

　このうち，Aが「新しい公共セクター」の担い手，AとBが「新しい公共社会」の住人，Cは「新しい公共社会」から排除される人間である。国家やコミュニティが求める課題を，それぞれの社会的位置（上記A，B，C）に応じて義務的・積極的に果たすような生き方を求めているのが，現在の教育改革である。

　先に引用した「これまで日本人は，ややもすると国や社会は誰かがつくってくれるものとの意識が強かった。これからは，国や社会の問題を自分自身の問題として考え，そのために積極的に行動するという『公共心』を重視する必要がある」という『フロンティア』の一文を再度みておこう。「これまで日本人は，ややもすると国や社会は誰かがつくってくれるものとの意識が強かった」というのは，福祉・教育・労働に関する権利を保障してきたことをさしている。そして，「国や社会の問題を自分自身の問題として考え」というのは，才覚があれば「多元的セクター」に加わり，そうでなければ，福祉・教育・労働に関する権利を主張せずに，自己の能力と条件に応じて「新しい公共セクター」との契約によって生活することを求め，それを道徳的な義務として課していくという意味である。

　生活指導もまた，「国や社会の問題を自分自身の問題として考え，そのために積極的に行動するという『公共心』を重視」してきた。ただし，それは現下の教育改革とは異なり，国や社会の問題の解決に，国や社会が望むように義務的に参加するのではなくて，何が問題なのか，どういう方向に向けて解決するのかを議論する権利やその能力を育てようとしてきた。この伝統をふまえて，アドヴァンスト・リベラリズムに対抗できる生活指導の理論的枠組みや実践的な手立ての豊富化が求められている。

【山本　敏郎】

注

(1) ここで「再始動」というのは，1980年代初頭の中曽根内閣を意識するからである。一般に新自由主義という場合，イギリスのサッチャー，アメリカのレーガンと並んで日本の中曽根があげられる。中曽根内閣において3公社の解体と民営化，福祉・医療・教育における受益者負担の導入など新自由主義的な政策が進められた。政権与党の内部には新自由主義に対して慎重な勢力も強大だったため，新自由主義的な構造改革は一旦減速する。しかしいわゆるベルリンの壁の崩壊を契機に，新たな市場が出現したため，再び，新自由主義が台頭してくる。これを後藤道夫は日本版新保守主義革命の「再始動」という（後藤道夫「日本版新保守主義革命の意味」『トポス』2号 1994年）。これに対して渡辺治は，資本蓄積と競争の桎梏となる企業支配に手をつけず，これを完成させたことや，福祉国家の代わりに保守支配を支えた地方の公共事業に手をつけていないことから，新自由主義改革は遅れて，1996年の橋本政権から本格化するという（渡辺治『安倍政権と日本政治の新段階』旬報社，2013年，74頁）。

(2) 新自由主義や新保守主義の定義や用法はいくつかあるが，ここでは，ギャンブルに従って，ニューライトと呼ばれる政治勢力のなかの二つの潮流と捉えておく。両者は思想的には対抗関係にあるが，社会民主主義への敵意や反福祉国家，資本主義社会とその上に立つ近代市民社会の秩序を維持するという点で利害を共有し，相互補完的な関係にある（A. ギャンブル『自由経済と強い国家』みすず書房，1990年）。

(3) 渡辺治「いまなぜ教育基本法改正か？」『ポリティーク5号』旬報社，2003年。渡辺がいうように，校長のリーダーシップ（裁量権）の強調，職員会議の補助機関化の徹底，副校長・主幹の設置，日の丸・君が代の強制などは，教職員の発言を封鎖し，自主的な研究と実践を認めず，学校での意思決定のスピードアップを図る重要な戦術であった（渡辺治『安倍政権論』旬報社，2007年）。

(4) デヴィッド・ハーヴェイ著，渡辺治監訳『新自由主義』作品社，2007年，116頁。

(5) 渡辺治「日本の新自由主義——ハーヴェイ『新自由主義』に寄せて」同上，323頁。

(6) Nikolas Rose, 'Governing "advanced" liberal democracies', in A. Barry et al. eds., Foucault and Political Reason, UCL Press. 1996. 渋谷望はアドヴァンスト・リベラリズムについて，「粗野な市場万能主義とは区別された，より洗練されたネオリベラリズム」で，アドヴァンスト・リベラリズムをネオリベラリズムとコミュニタリアニズムとの接合だと説明している（渋谷望『魂の労働』青土社，2003年，62頁）。念のために付け加えておかなければならないが，コミュニタリアニズムと新保守主義は同じではない。新保守主義は共同体への忠誠や貢献を重視するが，コミュニタリアニズムのすべての潮流が，新保守主義のように市場化や商品化と親和的だというわけではない。市場化・商品化に反対する潮流もある。

(7) 21世紀日本の構想懇談会『日本のフロンティアは日本のなかにある』講談社，2000年，165頁。

(8) 山崎正和『文明としての教育』新潮社，2007年，134-137頁。
(9) 前掲（7），166頁。
(10) 同上，168頁。
(11) 前掲（8），152頁。
(12) 前掲（7），168-170頁。
(13) 前掲（8），140頁。
(14) 『同上書』143頁。国家による統治行為の一環として読み・書き・算術の教授と遵法教育を行い，その他は民間のサービスというのは，1995年に経済同友会が提案した「学校から『合校』へ」における「基礎基本教室」および「自由教室」と瓜二つである。
(15) 前掲（7），36頁。ただし「ガバナンスの一側面として従来の統治のすべてを否定するものではない」（37頁）とも述べている。
(16) 同上，88頁。
(17) 同上，82頁。
(18) 同上，88頁。
(19) 同上，39頁。
(20) 同上，36頁。
(21) 前掲（4），109頁。
(22) 前掲（6），49頁。
(23) 前掲（7），147頁。
(24) Rose, Ibid, p.57

第2章　環境管理型権力と生活指導

第1節　「強い『指導』」と呼ばれるものの正体

1　「『強い』指導」への戸惑い

　小学校教師の悲痛な訴えから始めよう⁽¹⁾。突然教科書を破ったり，椅子やカバンや文鎮を投げつけることがあるADHDと診断された子どもを担任した教師。こみあげてくる「おさえなくては」という気持ちに抗い，「どうして投げたの」と冷静に話しかけ，破いた教科書やドリルを次々と貼って直す。「荒れるのには訳がある」と，子どもの声を聴こうとするが事件は起こる。「びしっとしつけないと」という声も聞こえてきて，つい怒鳴ってしまう。職員会議もなく，ごく一部の教員たちによって決められた「正しいこと」をやりとげないといけない。黙って耐えることが身を守る方法で，ものはいえない。いらついて自分を責める。その繰り返しで疲れる。同僚に助けを求めると，「支援を求めるのは担任として力量のない証拠」といわれる。「正しさ」で抑えこもうとする自分と闘いながら，なんとか子どもの声を聴こうとするのだが，この学校では，荒れるわけを理解するより学校の「正しさ」に従わせることが「指導」なのであり，同僚に支援を求めないのが力量ある教師ということになっている。だから黙って耐えるしかない。しかし耐えるだけの自分に耐えられず自分を責める。これが教師の日常である。

　数年前までは，カウンセリングマインドが強調され，指導ではなくて支援が大事だといわれていた。ところが，今の学校は，ゼロトレランスやイエローカード制に，学校と警察の連携と，子どもに対する取り締まりを強めている。そして，子どもたちをきちんと「締める」ことのできる教師が「いい教師」で，

それができない教師が「ダメ教師」だと評価される。この変化についていけないと多くの教師たちが感じている。このように，「びしっとしつけないと」といけない，「正しさ」で押さえ込まなくてはいけない，「毅然とした指導」でないといけない，「一致した指導」でないといけないなどの事態を，教師たちは「『強い』指導」と呼んで問題視している(2)。

2　「『強い』指導」と「強い『指導』」

　指導における「強さ」が問題にされるのは最近のことではない。校則を盾にとったり教師の私的な権威で子どもを支配したりしようとする働きかけはかなり前から「『強い』指導」と呼ばれている。指導とは，相手の拒否の自由を前提として納得と自主性を引き出す働きかけである。したがって，問題を起こさせない予防を自己目的とし「問題行動」をとおして表出している子どもの苦悩や課題に目を向けようとしないような「指導」は，すでに指導とは呼べない。問題は「強さ」ではない。子どもの話をうなずきながら聞いて，共感したり，励ましたりすればよいというわけでもない。かりにこれを「『弱い』指導」だとすると，「『弱い』指導」によって，反発しないようにいいくるめて学校の規範に適応させることが目的であれば，それも指導とは呼べない。「強い」―「弱い」が問題なのではなく，「指導」であるかどうかが問題なのである。

　この点で，指導との対比で，管理は相手の拒否の自由を前提としない強制を伴う働きかけであることから，「強い『指導』」とは管理のことだという主張がある。間違ってはいないが，「強い『指導』」を管理だというだけでは，かつての「強い『指導』」や管理と近年の「強い『指導』」や管理との違いがわからなくなる。そこで本章では両者の違いが，規律社会における規律・訓練権力と管理社会における環境管理型権力の違いによるものであることを明らかにしつつ，生活指導はこれとどう対峙するのかについて考察する。

第2節　規律社会における規律・訓練権力

1　「規律・訓練」権力

　規律社会における規律・訓練権力と管理社会における環境管理型権力の違いについては，長谷川裕「新しい管理社会と規律・訓練」[3]がジル・ドゥルーズ（Gilles Deleuze）の諸論稿を使ってコンパクトに整理してあるので，同論文をもとに私見を加えながら，両者の違いを明らかにしていく。

　「規律社会」とは，「君主制社会」のあとに，18・19世紀を通じて形成されてきた社会である[4]。そこにおいて人々は，家族・学校・兵舎・工場・病院・監獄などの「閉じられた環境」に「監禁」，すなわち多くの時間をその環境のなかで費やし，そこで行使される「権力」の作用下におかれる。ライフコースの展開により家族・学校・兵舎・工場・病院・監獄などの「閉じられた環境」の間を時間軸あるいは空間軸に沿って移動させられる。

　「規律社会」において打ち立てられる権力とは，「対象となる人々を組織体にまとめあげ，組織体に所属する各成員の個別性を型にはめる」力，ミシェル・フーコー（Michel Foucault）のいう「規律・訓練」権力である[5]。この権力作用のもとで，「閉じられた環境」を移動するたびに，人々は，各環境がもっている「それぞれに独自の法則」に従って，所属する環境に合うようなかたちで，その環境用の「人間」に「鋳造」されなおす[6]。

2　「規律・訓練」権力の規格化作用

　フーコーはこうした権力を「生－権力」とも呼んでいる[7]。「生－権力」とは，誕生・成長・死，性行動，衣食住，医療・衛生・治安を顧慮・配慮・増進しつつ管理・統制する権力である。文字どおり，生をコントロールする権力である。「生－権力」は，等質的な基準にもとづいて，人々を相互に比較したり差異化したり序列化したりする「規格化」作用をもっている。この規格化作用には次の二つの作用がある。

> ①「閉鎖環境」に集合した人々に対して各人の身体に照準を合わせて集中的に働きかける方法。
> ②「人口」という集合体として捉えて規格化する方法。

　前者が，一人ひとりに働きかけて，その環境に合うような人間に仕立て上げようとする規格化で，後者が，社会政策を通じて，人々をある共通する特徴をもったひとまとまりの集合として把握し，その集合状況を統御しながら秩序化を図る規格化である。少し敷衍してみよう。前者は「規格」からの逸脱者にたいして「正常」から外れた者というレッテルを付与し，「訓練」「治療」「矯正」という働きかけを通して，正常の範囲に引き戻そうとする力である。これまでの「生徒指導」において行使されてきた力である。「生徒指導」について次のような説明がある。

　「…生徒指導は，通常の場合，このような〔道徳教育，科学教育，情操教育というような―引用者〕教育的価値の達成を直接に目指す教育活動に対して，その基盤を作ったり，その促進を援助したり，その正常な路線から脱漏する児童・生徒を救済したりするような仕事…」(8)

　「その正常な路線から脱漏する児童・生徒を救済したりするような仕事」を「規格から逸脱する児童・生徒を規格に合うように訓練し治療し矯正する仕事」へと読み替えるのは難しくはないだろう。学校の生徒指導は，学校という「閉鎖環境」に集合した「児童・生徒」に働きかけて，学校が求める振る舞いができるように「規格化」し，逸脱する者を「訓練」「治療」「矯正」してきた。

　後者については，「○○中の生徒らしく」というふうに，あるいは「国公立組」「私立組」「専門学校・短大組」「就職組」というような「集合体」で把握し「規格化」してきたと表象できるだろう。

3　規律・訓練の技術

　一定の場に人間が多数集まることから生じる混乱を統御し，逆にそのことか

らメリットをひきだすことをねらって人のふるまいを方向づけ制度化・秩序化する技術が規律・訓練の技術である。工場・病院・軍隊・学校などの近代的な制度が成立する際に必要とされた。長谷川はその特徴を次のようにまとめている(9)。

> ⅰ) それが作用する場を外部に対して閉ざされた空間として構築する。
> ⅱ) その空間のいたるところに常に監視の視線が及ぶようにする。
> ⅲ) タイムスケジュールや号令などにもとづいて人々の活動を精密に統制する。
> ⅳ) 言動や態度の些細なことまで問題にする事細かな規則を設け，人々をそれを従わせ，違反があれば処罰する。
> ⅴ) 序列段階を設け，その序列段階上に人々を位置づけ，序列の高低をめぐって競争させる。
> ⅵ) 序列付けや賞罰の方法であり監視の方法でもある試験を頻繁に受けさせる。

規律・訓練は，人々の「身体」の動きを綿密に統制し，ルーティン化された慣習行動を反復的に行わせることを通じて，一定の「内面」「精神」が宿るような身体を備えた人間を構築する。こうして構築された人間を個人という。規律・訓練は，個人を学校における生徒，軍隊における兵士，病院における患者，工場における労働者としてしか振る舞えない状況を設定し，その存在様式を自明視させ，「規格」に準拠する個人というアイデンティティを身につけさせるのである。

第3節　管理社会における環境管理型権力

1　環境管理型権力 ── 統治しないで統治する

　規律社会が，人々を「閉鎖環境」の「規格」にあった振る舞いができ，それ

を正統だとみなす個人にしていく社会であったのにたいし，管理社会は，人々をして，自分が今その下におかれている環境に合わせて自らを「転調」させ，「刻一刻と変貌を繰り返す自己＝変形型の鋳造作業」を要請する。

　管理社会においては，人々は「分割不可能」な「個人」(individual) として取り扱われることなく，「分割可能」な「データ」(得手・不得手，資格，体力，知力，人間力，表彰歴，違反歴，病歴など) の集積とみなされる。これにより，人々を特定の環境に「監禁」し，その環境に合わせて「鋳造」することをしない分，「個性尊重」に近づいたかのようにいわれるが，実態は，「管理の対象となる『分割可能な』素材」として扱われるようになったにすぎない[10]。こうして管理社会おいては，権力は人々を行動・資質の「データ」の集積と捉え，そのデータを収集する監視を通じて管理する。人々の価値観・行動・生き方などの「自由」を許容しつつ，人々が行為し生きる舞台である環境全体を，高度化した情報や技術を駆使してトータルに「監視」し，その環境のあり方に操作を加えることによって彼／彼女らの行為・生を管理する。これを「環境管理型権力」[11]という。

　環境管理型権力は第１章で紹介したアドヴァンスト・リベラリズムやガヴァナンスと親和的な概念である。規律・訓練権力が人々に直接的に働きかけ，その行為を指導し，統治するのに対して，環境管理型権力は一定の環境を整えるだけで，どう行動するかの判断は個々人の自由・選択・責任に委ねる。たとえばニコラス・ローズ (Nikolas Rose) は，「『アドヴァンスト』リベラルの支配の戦略は，社会を統治せずに統治すること，つまり自立的な諸々のエージェント——市民，消費者，親，従業員，マネージャー，投資家——による，調整された，責任ある選択を通して統治すること」[12]だという。

　また環境管理型権力は，対立・葛藤の調整には関心がない。逸脱があれば訓練・治療・矯正をとおして正常に戻すのではなく，逸脱者として認定し「管理」・「排除」する。また，生活保障による秩序化・体制内化も行わない。つまり，管理社会は，成員を包摂・統合することなく，各人に「自己統治」する「自己責任」を求め，秩序を脅かす「リスク」要因をかかえた逸脱者は隔離・

排除するのである。

　ところで，環境管理型権力が効果を発揮するためには，人々が「個人」として振る舞っていることが条件となる。そしてこの条件が充足されるには，規律・訓練権力の作用が必要である。なぜなら，規律・訓練社会は後退しつつあるとはいえ，人々が規範にしたがって自己コントロールする主体でなくなってしまうと社会が成り立たない。管理社会においては，人々は社会の流動性の高まりに応じて，活動する環境を頻繁にすばやく移動──就職（契約）─解雇（契約解除）─再教育─就職（契約）─解雇（契約解除）─再教育…──しなくてはならなくなるが，その環境に適合するように「自己＝変形型の鋳造作業」を続けなければならないし，これができなければ低い評価しか与えられないことが了解されていなければならない。その了解が成立するには，人々が規格に準拠する個別化された諸個人として構築されていることが必要となるからである。この意味で，規律・訓練装置はその本質をむしろ純化したかたちで管理社会において露わにする[13]。

2　管理社会における自立した人間

　人々の行動や資質がデータ化されることは，人々に自分の行動や資質をデータとして扱うことを要請する。労働力を例に考えてみよう。労働基準法において，使用者に雇用されて賃金を得ている者が労働者と定義され，さまざまな労働法制によって労働者としての権利が保護されている。日本経営者団体連盟「新時代の『日本的経営』」（1995年）以来，企業は労使関係を仕事を仲立ちとした個別契約関係に置き換えようとしてきた。企業がエンプロイヤビリティのある個人と個別労働契約（業務内容，期間，報酬など）を結ぶ方式だが，これは労働者側からすると，労働者として雇用されるのではなく，個別労働契約の一方の当事者となるということである。そうだとすると，労働力は時間と場所を限って資本家に提供しその対価として賃金を受け取る労働能力ではなく，業務に要する時間，移動距離・方法，投下すべきエネルギー量，業務に伴う精神的疲労度など，さまざまな自分についてのデータを分析し，リスク計算をし，報酬を

得て収益を上げるための「能力資本」となる。こうして労働者は労働力を売って賃金を得る賃労働者ではなくて，投資し収益を得る「自分自身にとっての企業家」となる[14]。さらに，ローズによると，「自らを企業家に（enterprise themselves）」[15] した者は，被雇用者としてよりもエンプロイヤビリティを備えたアントレプレナー（契約主体）として，あるいは自ら進んで社会参加するソーシャルアントレプレナーとして，自律的にコミュニティに関与することが期待される。

　ところで，リスク管理をしながらコミュニティへの義務と責任を果たせる者とそうでない者がいる。そこでは，「資格／能力のある市民とみなされる者とそうでない者との間に新たな分割」[16] が行われる。たとえば，失業給付は失業者に無条件に与えられるのではなくて，求職活動や職業訓練を受けている者に限定される。求職活動をしていなかったり，職業訓練を受けていないのに，失業手当を受給する者は「怠け者」であり，「怠け者」に手当の支給は必要ない，求職活動を行い職業訓練を受けるという方法で，失業手当を支給する政府やその財源を負担しているコミュニティに対する義務と責任を果たせという理屈である。こうして「社会政策の役割は，もはや雇用を直接保証するというよりも，産業構造の変化に適応するために，個人にスキルを積極的に身につけさせることへと変貌する。しかも，スキルを身につけようと努力しない者は，リスク管理が不得意な『怠け者』を超えて，『モラルを欠いた者』とさえみなされる」[17] のである。

3　環境管理型権力とゼロトレランス

　ここまでの記述から，「強い『指導』」が環境管理型権力の下で発動しているものだということができるだろう。そうだとすると，「強い『指導』」は，子どもに向けて規律を守り内面化するように迫る「指導」（管理）という面ももちつつ，またはそれを前提としつつ，本質的には，企業社会・学校・家庭というコミュニティが設定したルールやシステム（進学，試験，校則，部活，勉強，家族など）を受け容れるか，受け容れないか自ら判断することを求め，受け容れな

い場合のリスクもわかったうえで生きていくように迫る「指導」（管理）のことである。規律社会時代の「強い『指導』」は，規律への適応を直接迫ってきたが，管理社会時代の「強い『指導』」は，規律への適応を直接迫るのではなく，適応せざるをえない，受け容れざるをえないシステムをつくり，受け容れない場合のリスクも計算させながら，個人に判断を委ねるものである。

　ゼロトレランスはその典型である。ゼロトレランスについては，「クリントン政権以来，米国の学校現場に導入されている教育理念および教育実践を表現したもので，学校規律の違反行為に対するペナルティーの適用を基準化し，これを厳格に適用することで学校規律の維持を図ろうとする考え方」[18]と紹介されたこともあって，生徒指導の方法と理解されている。

　佐藤嘉幸によると，環境介入権力による犯罪予防策の典型がゼロトレランスである。すなわち，犯罪件数の大幅増加を背景として登場し，犯罪者の収監・更正という規律化ではなく，ショッピングモールや刑務所にガードマンを配備したり監視カメラを設置したりすることによってトラブルを事前に察知し，犯罪が起きる前に，犯罪を起こすリスクのある逸脱者をあらかじめ公共空間から分離し排除するという戦略である。より具体的には，「市民道徳に反する行為を絶対に許さず，しつこい物乞いや押し売り，浮浪者，酔っ払い，娼婦を取締り，該当から逸脱者や無秩序を一掃すること」を目的とし，市民道徳からのあらゆる逸脱を容認せず，懲罰を最大限に利用する方略である[19]。

　さて，ゼロトレランスは字義どうりに解釈すれば寛容度ゼロで，青少年の犯罪の増加を理由にした厳罰化の流れのなかで，問題行動に対しては細かく罰則を定め，一切の例外なく，毅然とした態度で，厳格に罰を与え，自覚と責任を促そうとするものであることから，規律・訓練権力の行使と表象されやすい。もちろんそうした一面もあるのだが，根底にある理念は「処罰基準の明確化とその公正な運用」であり，環境管理型権力の行使とみるのが順当であろう。日本国憲法31条には「何人も，法律の定める手続きによらなければ，その生命もしくは自由を奪われ，又はその他の刑罰を科せられない」と書かれている。これは何をやったら犯罪になり，どういう犯罪を犯せばどういう刑罰が科され

るかを知らせておかなければ，罰することはできないという意味で，罪刑法定主義と呼ばれている。従来，規律・訓練権力の下での「事実としての懲戒」が，校則などに明示された処罰基準に従って公正に運用されるのではなくて，個々の教師の個別の判断や私的な権威によって行使されていたことと比べると，「処罰基準の明確化とその公正な運用」は，子どもの権利の前進であるかのようにみえる。だが，ゼロトレランスは「処罰基準の明確化とその公正な運用」によって教師によって恣意的に罰せられることを防ぐのではなくて，明確化された処罰基準という「環境」を設定することにより，規律違反に対する予防とし，この規則に従って問題行動をデータ化し，合理的かつ事務的に問題行動を処理することを目的としたものである。

4 東京都教育委員会「生活指導統一基準」

東京都教育委員会「生活指導統一基準」（2013年6月13日）には，「公共の場や交通機関でのルール・マナーを守る生徒，時と場に応じた，身なりや所作がきちんとできる生徒，相手の立場を踏まえた適切なコミュニケーションができる生徒，時間を意識して，行動する生徒，授業規律を守る生徒」という「生徒像」が描かれている。中田康彦がいうように「基本的には規律訓練型の生徒統制」[20]である。このほか，都教委が「学校運営上の最重点課題」と位置づけている式典の運営も，都教委のマニュアルに基づいて行われているように，「規律に基づく厳格な管理統制」（規律訓練型）がベースにある。

ところが，これらは「あらかじめ設定された基準に基づき懲戒を行うという楽な方向性に教師を誘導するという環境管理型の教師統制の効果」と，「マニュアルを逸脱した学校・教師にはペナルティがもたらされる一方で，逸脱しない限りは大丈夫だという安心感を学校・教師にあたえる。その意味では，教師を考えなくするための環境管理型の管理統制としての効果」がある。

中田の指摘にあるように，ガイドラインや統一基準は，どのように指導しなければならないかという「悩ましい作業から教師を解放し」，「教師を考えない方向へ誘導する環境管理型の統制ツール」である。こうして，実践でも政策で

も「悩まない」で,「すべてを受け入れる土壌」が学校にできる。また近頃流行のPDCAサイクルも,このサイクルが作業プロセスとしてはあまりにも当たり前であることを利用し,教師を反論不能状態にしておいて,求められた作業に「自主的」に従事させる環境管理型の権力の技法である。

第4節　環境管理型権力と対峙する生活指導

1　排除される者たちの立ち上がりを支援する

　管理社会化によって,「新しい公共社会」から排除される者たちの立ち上がりを支援することが生活指導実践の大きな課題となる。佐藤嘉幸は,「政治的権利の外部に置かれた者たちが,絶対的平等の原理に基づいて係争を立ち上げる」ことが課題だという。すなわち,彼らは政治的空間では「声」をもたない存在,「声」をあげても聴かれない存在であり,「声」を聴かれたとしてもその意味を理解されない存在である。そうした者たちが,「権利の平等を確立すべく係争を立ち上げることによって,政治空間によって自らの声を認めさせようとする」[21]運動が必要だというのである。

　管理社会は,そこから人々を意図的に排除したのではなくて,社会が提示する課題やルールを示して,それに応答できるか,従えるかを問い,選ばせたのであるから,そもそも人々の声を聴いて,「新しい公共社会」のメンバーとしての資格や権利を与える気はない。だから,「新しい公共社会」のメンバーとして包摂してほしければ,国家やコミュニティへの道徳的義務を果たせと要求してくるのであるが,この運動はこの要求に応じることではない。この運動は,生存と引き換えに自由を放棄したり,居場所を確保してもらう代償に尊厳を放棄することではなく,生存の無条件の肯定をベースに,なりたい自分になる,やりたいことをやる自由(幸せ)の保障を求め,彼ら／彼女らに生きられた社会をつくる運動である。

2 他者のなかに自己を発見する

この運動の当事者が自ら立ち上がることはいうまでもなく必要だが,まず排除されている当事者のなかに自己を発見してともに立ち上がる関係性が重要である。実践記録・熊丸仁「勇太の世直し」[22]をとおして,他者のなかに自分がかかえている弱さやみじめさを発見し関係を構築していく過程を確認しよう。

学級対抗リレーのチーム編成とルールをめぐって,障害をもった真美のいる学級は「特別ルールで真美だけは半周,その分だれかが一周半」というルールを教師たちの間で決めていた。その後,練習をしてみると真美は一周走れることがわかり,真美を特別ルールの対象とするかどうかという議論が学級のなかに起きてくる。

●半周派
① 真美はあまりにも遅すぎるから半周でいい。
② 自分はリレーで勝ったことがない。勝ちたいから真美は半周。
③ 真美だって自分のせいで負けるよりは半周走って勝ったほうが嬉しい。
●一周派
① 走れるのだから走ったほうがいい。
② 真美の気持ちは真美にしかわからない。
③ 本人が走るって言っているから走ったほうがいい。

半周派の子どもたちの意見は「リレーで勝つ」ことに価値をおき,真美に全体のために犠牲になることを強いる主張である。「半周」で決定するということは,強者が足の遅い者を戦力外として排除する考え方を正当化することになる。一方,一周派の意見も,「とりあえずの正解」をいっているにすぎない。多くの教師はここで「リレーで勝つ」ことよりも「全員で参加する」ことに価値があるといって議論に加わる。そして「先生がそういっているので」というような雰囲気で,「一周」と決定される。ここで考えなければならないことが

ある。一周派の発言は、真美が走りたいなら、走れるならば走ればいいという程度で、真美への共感もなければ、真美の自己決定が優先されるべきという意見でもない[23]。自分にとっては真美のことは他人事でしかないし、自分を「一周か半周か」という問題状況に対する価値判断の傍観者の位置においている。そういう事態になりかねない場面で発言したのが勇太である。

　「僕も、真美ちゃんは一周走るほうがいいと思います。理由は、まず、体力的に走れないのなら仕方がないけど、真美ちゃんは一周走れるからです。それから、遅いから半周というのなら、僕だって走るのが苦手で遅いから半周ということになると思います。真美ちゃんだって同じ4の1なんだから、他の人より遅いからといって真美ちゃんだけ半周にするのは差別だと思います。それに、本人が『一周走る』と言っているんだから、本人の気持ちを大事にしないといけないと思います。」

　この発言のなかで決定的に重要で、場の雰囲気を変えたのは、「遅いから半周というのなら、僕だって走るのが苦手で遅いから半周ということになると思います」の部分である。

　勇太は、相手を思いやるけれども、相手の感情と自分のそれとを重ねない同情から発言したのではない。同情は、相手をかわいそうだとは感じるが、自分がそこにいないがゆえに、相手の感情と自分の感情とは同軌しない。そのため相手が求めているところに感情がかからない。それどころか、「かわいそうなあなた」と「そうではないわたし」との間に境界線を引く作業になりかねない。相手が悲しむように自分が悲しみ、相手が喜ぶように自分が喜ぶ、すなわち相手の感情の動きと自分のそれとが同じ軌跡をえがくような感情の共有——それがことばの正しい意味での共感——から発言したのである。

　換言すれば、こういうことができる。「半周」という決定によって差別される真美の問題を、勇太は自分に対して行われた差別としてひきとって発言したのである。そして勇太の発言が、学級のなかの走るのが苦手な子どもたちを、走るのが苦手だから半周という差別が自分にも向けられているという状況に正対させたのである。こうして「真美の問題は自分の問題だ」という当事者性が

立ち上がったのである。そうだとすると，これを決定すると最も不利益を被り，人権を侵され誇りを傷つけられる者と自分を重ねる，つまり，「自分が真美の立場だったら」という視点で判断させることが関係づくりとリーダー指導の環になる。

3　対立する当事者の討議と価値の共有

　もう一つ考えなければならないことがある。先に，多くの教師はここで「リレーで勝つ」ことよりも「全員で参加する」ことに価値があるといって議論に加わり，「先生がそういっているので」というような雰囲気で，「一周」と決定されると述べた。言い方を換えると，半周派は教師によって道徳的にねじ伏せられて，優勝したいという気持ちや自由を否定されただけにすぎない。

　近年の当事者研究においては，ロニー・アレキサンダーの指摘を待つまでもなく，当事者は「『社会的弱者』という意味で使われることが一般的である」[24]。しかし，「『当事者』は必ずしも『弱者』だけではない。『強者』も『当事者』になりうる」[25]し，事件やトラブルの被害者側だけではなく，加害者側もまた「当事者」である。

　アレキサンダーは，次のような例を出してこれを説明する。1980年代に流行した女性のための女性による音楽祭に，トランスジェンダーやトランスセクシャルの人たちが参加を求めたとき，認められないことが多かったという。アレキサンダーは，音楽祭の主催者がトランスジェンダーやトランスセクシャルの人たちに女性という当事者性を認めなかった例をひきあいにだしながら，「他の『当事者』を容認しない『当事者』がいる」，「ある『弱者』グループがもう一つの『弱者』グループに対して，その正当性を認めないということは，自らが体験する差別を再生産している可能性がある」[26]と，複数の当事者間に対立があることや権力関係が存在することを明らかにしている。

　そう考えると，「半周」を主張する子どもたちもまた学級対抗リレーで「勝ちたい」というニーズをもった当事者であり，当然，チーム編成について自分の考えを表明する権利がある。真美が可哀想とか，そういうのは友だちではな

いというような学校道徳的な価値で、「勝ちたい」というニーズを封殺してはいけない。もっとも、こうした発言は、今そう発言することが求められていることを察知して、その場のお約束の正解として発せられるものであって、発言者が真美に共感して発言しているとは限らないので真に受けるわけにもいかない。

それはさておき、あるテーマ——ここでは学級対抗リレー——について、複数の意見や複数の価値が同時に存在することを認めるものでなければならない。対立する複数の意見を闘わせ、提案された複数の案を比較検討し、どういう決定をすることがどういう価値を共有することになるのか、どういう価値を選びたいのかを明らかにする討議が必要である。熊丸実践では、真美が半周しか走れないことが真美への差別であり、走るのが苦手な者への差別であるからこれを許さないという価値の共有をしたのである。

それと同時に、「半周」を主張した子どもたちの考えも丁寧に聞かなければならない。記録には出てこないが、たんに勝ちたいだけの、優勝劣敗の考え方からの主張なのか。もしそうだったとしても、それで苦しんでいることはないのか。これまでいつもリレーで負けて、いやリレーに限らず、生活のいろいろな場面で「負け」の経験しかなく、リレーなら勝つ可能性があるから真美は半周と主張したということも予想される。そうだとすると、学級対抗全員リレーのほかに、学級選抜リレーを種目として要求させていくということも考えておかねばならない。誰の自由もなんらかのかたちで認められ、ニーズは実現できる、能力に応じてコミュニティ（たとえば学級）に貢献し、喜びを分かち合うことはできるという価値の共有もまためざしたいものである。　　【山本　敏郎】

注
（１）　篠崎純子「子どもたちの声に応える教育と学校を」全国生活指導研究協議会『生活指導』693号，2011年8月号，明治図書。
（２）　たとえば、全国生活指導研究協議会の機関紙『生活指導』688号（2011年3月号，明治図書）で、特集「特別ニーズをもつ子どもをどう支援するか」のサブタイトルに「いま『強い』指導を問う」とある。
（３）　長谷川裕「新しい管理社会と規律・訓練」唯物論研究協会『唯物論研究年誌』13号，

青木書店, 2008 年。
(4) ドゥルーズ著, 宮林寛訳『記号と事件』河出書房新社, 1990 年。
(5) フーコー著, 田村俶訳『監獄の誕生』新潮社, 1977 年。
(6) 前掲 (4), 292-296 頁。
(7) フーコー著, 渡辺守章訳『性の歴史Ⅰ 知への意志』新潮社, 1986 年。
(8) 飯田芳郎他編『新生徒指導事典』第一法規, 1980 年, 1 頁。
(9) 前掲 (3), 252 頁。
(10) 前掲 (4), 247, 251 頁。
(11) 前掲 (3), 250 頁。
(12) Nikolas Rose, 'Governing "advanced" liberal democracies', in A. Barry et al. eds., Foucault and Political Reason, UCL Press. 1996.
(13) 前掲 (3), 256 頁。
(14) フーコー『生政治の誕生』筑摩書房, 2008 年, 284 頁。
(15) Rose, Ibid, p.57
(16) Nikolas Rose, 'The death of the social? : Refiguring the theory of government', Economy and Society 25 (3), p.337.
(17) 渋谷望『魂の労働』青土社, 2003 年, 52 頁。
(18) 文部科学省初等中等教育局児童生徒課『生徒指導メールマガジン』第 16 号, 2006 年 1 月 31 日。
(19) 佐藤嘉幸『新自由主義と権力』人文書院, 2009 年, 72 頁。
(20) 中田康彦「総動員体制としての安倍『教育改革』」教育科学研究会『教育』823 号, かもがわ出版, 2014 年 8 月号, 60 頁。
(21) 前掲 (19), 168 頁。
(22) 熊丸仁「勇太の世直し」全国生活指導研究協議会『生活指導』595 号, 2003 年 5 月号, 明治図書。
(23) アマルティア・セン (Amartya Sen) に従えば, 支配的な経済学に対する二つの道徳的感情として, 共感とコミットメントがある。共感とは他人がおかれた状況に対して心を痛めるなど感情が共有されるが, コミットメントは感情の同軌ではなく状況を改善するために行動せざるをえないという関与の仕方である (セン著, 大庭健他訳『合理的愚か者』勁草書房, 1989 年)。
(24) ロニー・アレキサンダー「グローバルな課題と平和学」高柳彰夫・R. アレキサンダー編『私たちの平和をつくる』法律文化社, 2004 年, 10 頁。
(25) 同上, 11 頁。
(26) 同上, 12 頁。

第 3 章　権利としての反貧困と生活指導

第 1 節　貧困を経済的貧困（poor）と同一視することへの疑い

　生活指導実践に取り組むうえで，貧困問題はもはや避けて通ることができない問題である。貧困や格差が人口に膾炙されはじめた 2005 年ごろには，格差不在論，格差正当化論，格差悪用論など，貧困や格差の存在を認めない議論もあったが[1]，過労死，ホームレス，5％を超える失業率，30％を超える非正規雇用労働者，550 万人はいるといわれる年収 200 万円以下のワーキングプア，150 万人をこえる生活保護受給者など，深刻な実態が明るみにだされ，2008 年秋からの非正規切りと 2009 年にかけての年越し派遣村などが報道されるに至って，もはや貧困や格差はないとはいえなくなってきた。

　では，貧困とは何か。松本伊智朗がいうように，「生活を維持し可能性を追求するためにはお金が必要だということは，……ある意味では常識に属する。一般的には，所得をモノサシとすることが多い」[2]。多くの出版物，ドキュメンタリー番組，雑誌の特集，新聞報道も失業，ワーキングプア，ダブルワーク，非正規労働，派遣労働などの実態やこれらに伴う低所得や無収入を取り上げている。かりに貧困を経済的貧困（poor）とするならば，貧困の解決方向は人々を裕福（rich）にすることになる。

　所得を基準に貧困を捉える考え方について，1998 年に世界の貧困問題の解決にかかわる研究でノーベル経済学賞を受賞したアマルティア・セン（Amartya Sen）は，「たった一つの所得の『貧困線』を誰にでも当てはめるような所得中心の考え方で貧困をとらえると，貧困を正確に判別，評価することはできないかもしれない」という[3]。そして貧困を解決する方向が人々を裕福にするこ

とだとか，所得が高くなればなるほど，所有する財が増えれば増えるほど貧困ではなくなるという考え方を批判する。その人のくらしぶり，居住地，健康状態，年齢，家族構成などが異なれば，同じ程度の所得でも十分過ぎる人もいれば，まったく十分ではない人もいる。センがよく使う例にならって考えてみよう。健康を維持するのにパンを2個必要としている人に3個与え，5個必要な人に4個与えた場合，与えた量は後者の方が多い。所得が高くなればなるほど貧困ではなくなると考えるならば，後者の方が豊かだということになる。しかし前者の方が所有量は少ないが必要量は充たしているのに対して，後者は所有量は多いが必要量を充たしていない。この場合，豊かな人生を送ることができるのは前者だというのである(4)。所得が高く，財の所有量が多ければ，その人の生活が豊かになるかというと必ずしもそうではなく，所得や財がその人の生活の必要を充たしているかどうかが重要だということである(5)。

　それでは，〈経済的貧困―裕福（poor―rich）〉というカテゴリーが有効ではないとすれば，どういうカテゴリーで貧困を捉えればよいのだろうか。生活の必要を充たしているかどうかが重要だとすれば，〈生活そのものの貧困―生活の豊かさ（poverty―well-being）〉というカテゴリーで捉えることが生活指導実践には有効ではないか。以下では，このことをセンのwell-being概念を検討することをとおして明らかにしていく。

第2節　貧困と豊かさ―poverty vs well-being

　センは，貧困と所得の関係について次のように述べている(6)。
　「貧困が問題なのは，……経済的手段が不足しているからではあるが，もっと基本的なのは必要最低限のcapabilityが欠如していることである。」
　「所得が不十分であるとは，それが外部から与えられた貧困線より低いということではなく，その所得が特定のcapabilityを発揮するのに必要な水準に達していないということである。」
所得や財などの経済的手段は保障されなければならないが，それは「貧困線」

より低いからではなくて，capability(ケイパビリティ)を現実のものとするのに役に立たない水準が問題だというのである。では，capabilityとは何か。*Commodities and Capabilities*（1985）が邦訳されて以来，capabilityは多くのの邦訳書で「潜在能力」と訳出されている。一般に，潜在能力とはまだ顕在化していないけれども，顕在化することが期待されている能力であるが，センはcapabilityをこうした意味では使っていない。

　capabilityとは，生活者として当然充たされるべきひとまとまりの要求や願い，何かになり，何かをなそうとするひとまとまりの要求や願いのことである。これがcapabilityの第一の意味である。

　また，松井範惇は，センがpotential, potentiality, abilityを用いていないことに注目しつつ，人が「価値を認めた状態」になるために，それを可能とする一つひとつの生命活動を集めたもの―capabilityの第一の意味―に加え，さまざまな生命活動を組み合わたり，達成する力がcapabilityだとし，「可能力」と呼ぶ(7)。つまり人が「価値を認めた状態」になるために，一つひとつの要求や願いを組み合わせて，ひとまとまりの要求や願いとし，それを達成する力である。これがcapabilityの第二の意味である。

　さらに，岩川直樹は，移動する「能力」が「潜在」的にあったとしても，移動する手段や権利が奪われていれば，移動するというcapabilityはないとして，「個人と社会とのはざまにある諸種の人間的な存在や活動の『実現可能性』」と訳すほうがいいと主張する(8)。一つひとつの要求や願いの「集合」としてのみならず，それを達成する主体的な力に，社会的な諸条件も加えてcapabilityだというわけである。これがcapabilityの第三の意味である。

　以上のように，capabilityとは，その人が豊かな生活を送るためのひとまとまりの要求や願い，それを実現したり達成するためのその人自身の能力，要求や願いの実現と達成を支える社会的諸条件からなる。センは文脈によってこれらを使い分けているが，この三つの意味をまとめて，capabilityは要求の実現可能性あるいは実現可能なひとまとまりの要求だと理解するのがよいだろう(9)。先の貧困に関する引用部分でセンが主張しているのは，所得や財の過少という

経済的貧困はもちろん問題だが，より本質的には，経済的貧困によって，生活していくうえで必要であり，かつ保障されてしかるべき要求や願いの実現可能性が低くなることが問題であり，それこそが貧困だということである。

これとは逆に，要求や願いの実現可能性が高い状態をセンは豊かな状態（well-being）だという。

「豊かさ（well-being）は人が実際に達成するもの——彼／彼女の〈状態〉（being）がいかに〈よい〉（well）ものであるか——に関わっている。」(10)

さらにセンは，「人の豊かさを理解するさいには，われわれは明らかに人の『機能（functionings）』にまで，すなわち彼／彼女の所有する財とその特性を用いて，人は何をなしうるかにまで，考察を進めなければならない」(11)と述べて，財を所有することや所得を向上させることで，その人が何をできるようになるか，何になることができるかが，人々の〈状態〉（being）の〈よさ〉（well）を実現するには大事なのだという(12)。

ここでいう機能について，センは，適切な栄養を得ていること，雨露をしのげること，健康であること，避けられる病気にかかっていないこと，読み書きができること，移動ができること，人前で恥をかかないでいること，自尊心をもっていること，社会生活に参加していることをあげている。これらを一般化すると，今その人の置かれた生活条件のもとで実現したり達成したりすることが可能な，一つひとつの要求や願いだといってよかろう(13)。セン自身が「機能集合としてのcapability」ともいうように，機能とはその人が豊かな生活を送るための一つひとつの要求や願いで，自らが望む豊かな生活にあわせて機能を組み合わせたものがcapabilityである（capabilityの第一の意味）。

このように，今その人のおかれた生活条件のもとで実現したり達成したりすることが可能な要求や願いを，自分の意思で選択的に組み合わせて実現できる可能性（capability）が高い状態が豊かな状態（well-being）であり，要求の実現可能性（capability）が奪われているため，豊かな生活（well-being）を送ることができない状態が貧困（poverty）である。

第3節　貧困を捉える生活指導の視点

1　要求の実現可能性を奪う貧困

　貧困を〈経済的貧困－裕福 (poor－rich)〉というカテゴリーにおいてではなく，〈生活そのものの貧困－生活の豊かさ (poverty－well-being)〉という関係で捉える必要があると述べた。これと最も近い貧困の捉え方をしているのが前出の松本である。

　　「現実の人間の生活のあるべき姿を，人間が尊厳を維持し社会に参加する生活ととらえる。そのために必要なるものを欠く状態を貧困ととらえる」(14)。

　では，欠けているものは何か。端的にいえば，それは現在と将来にわたる自分自身の要求や願いとその実現の見通しである。人には〈ありのままの自分〉でいることを認められたい，自分が今ここにいることを認められたいという〈存在要求〉(15)と，野球やサッカーがうまくなりたい，勉強がわかるようになりたい，友だちと思う存分遊んだり，おしゃべりしたり，車いすのまま自力で好きなところに移動したいというような〈発達要求〉とがある。〈存在要求〉と〈発達要求〉をもつ機会やその実現の見通しを奪われた状態，要求や願いを諦めなければならないのは自分のがんばりが足りなかったから，自分が我慢しなければならないと，自己責任と自己否定感に覆われる状態が貧困である。

2　要求実現を支える社会の喪失としての貧困

　要求や願いをもつ機会やその実現の見通しの欠如は，個人の能力や努力の不足によるものではない。〈存在要求〉と〈発達要求〉の実現に必要な制度や社会共同的な資源の欠如や，社会からの排除が問題である。

　たとえば，社会保障制度の不備である。低所得を補うための生活保護は申請のハードルが高いうえに支給額は低く，窓口で申請を断念させられることもある（水際作戦）。その地域の地域最低賃金で週40時間働いても月収が生活保護受給額よりも低い自治体もある。日本はもともと公的な社会保障制度が脆弱で，

その分を企業が担ってきたが，非正規雇用への置き換えにより，雇用保険や健康保険の企業負担分を減らすなど，企業福祉も後退している。

また，安心して子育てするために必要な地域の資源の不足や環境の未整備，社会生活に参加するための能力を身につけたり，身につけた能力を発揮したりする機会の欠如である。図書館，美術館，スポーツ施設，レジャー施設，遊び場・公園，たまり場，保育所，学童保育，病児保育の不足，通学手段の廃線・廃止，通学路の安全が確保されないなど，例をあげれば枚挙にいとまがない。

3　要求実現を支え合う関係・グループ・組織の欠如

さらには，〈存在要求〉と〈発達要求〉の実現を支え合う関係・グループ・組織の欠如である。生きづらさを語ることのできる相手がいないことや，相手が自分をどう見ているか，どこまで受け容れてくれるのかがわからず，気遣いと牽制にあふれた関係を生きざるをえないことである。また，〈存在要求〉と〈発達要求〉の実現にむけて，ともに立ち上がって闘うグループや組織がないこと，仲間やサークルがないことも深刻である。問題解決への諦めや自己責任と自己否定感は，関係・グループ・組織の欠如からくることが多い。

4　反貧困の三つの課題

貧困をこのように捉えると，生活指導に求められている反貧困の運動と実践は次のような三つの課題を担うことになる。

---

① 〈存在要求〉と〈発達要求〉——どうありたいか，何がしたいか——およびその実現の見通しをもつこと。
② 〈存在要求〉と〈発達要求〉の実現に必要な，生存・育ち・就労を保障する制度を請求していくこと。
③ 〈存在要求〉と〈発達要求〉の実現を支え合う人間関係，制度保障を求める組織やグループをつくること。

〈存在要求〉と〈発達要求〉，そしてその実現の見通しをもつというのは，「すべて国民は，個人として尊重される。生命，自由及び幸福追求に対する国民の権利については，公共の福祉に反しない限り，立法その他の国政の上で，最大の尊重を必要とする」という憲法13条に連なる権利である。どう生きていきたいのか，何がしたいのかを，何をもって幸福とするかを，国の介入によらず自分の意志で自由に追求できることが，個人として尊重されるということである。一般にこの権利は自由権と位置づけられている。

一方，〈存在要求〉と〈発達要求〉の実現に必要な，生存・育ち・就労を保障する制度を請求していくことは，生存権（25条），教育権（26条），労働権（27条），団結権・団体交渉権（28条）からなる社会権に相応する。市民には生存・育ち・就労にかかわる諸条件の整備や機会の提供を国に求める権利があり，国はそれにこたえなければならない。

だが，人々が，〈存在要求〉と〈発達要求〉を追求するためには，それを互いに認め合い支え合う相互承認的な関係が必要であり，生存・育ち・就労を保障する制度を請求していくためには，それを担う組織やグループが不可欠である。〈存在要求〉と〈発達要求〉の実現を支え合う人間関係や制度保障を求める組織やグループが，〈存在要求〉と〈発達要求〉およびその実現の見通しをもつことと，それらの実現に必要な，生存・育ち・就労を保障する制度請求とを仲立ちするのである。そして，相互承認的な関係があることで貧困を余儀なくされている人たちの自己肯定感の回復が図られ，制度保障を求める組織やグループが社会政策の実現に向けての社会的行動と学習の拠点となるのである。

対人援助の機能をもつ生活指導が貧困問題にアプローチするさいの独自性はこの相互承認的な関係づくりと制度保障を求める組織やグループづくりにある。人々を政策や援助の対象者としてではなく，貧困および貧困を強いる者との闘いの担い手として捉え，その闘いを励まし，反貧困の権利を協同で行使する力をエンパワーしていくことに反貧困の生活指導実践の独自性がある。

第4節　権利としての反貧困

1　社会権による自由権のコントロール

　貧困を克服して，豊かな状態をつくりだそうとする行為が権利であることを明確にするために，今述べた自由権と社会権との関係にふれておきたい。

　近代市民革命は，個人の生命・思想・財産への国家からの介入や干渉を排除する自由権を確立させたが，近代市民社会は自由競争を活発に繰り広げた結果，少数の富める者と多数の貧困な者を生みだし，階級分裂，経済格差の拡大，労働者家族の生活の悪化は深刻な状態になっていった。たとえば，イギリスでは，資本家が労働者に過酷な労働を課したため労働者の平均寿命が低くなり，労働力の再生産が困難な状況になっていた。この事態は資本家階級にとっても望まざる事態であったが，自由権しか備えていない資本主義社会にはこの問題を解決する能力はなかった。そこでイギリス国家が問題の解決にのりだし，工場法を制定し，労働時間に関するルール，女性と子どもの労働時間規制のルールを定めることとなった。また社会保障制度，義務教育制度，労働者の団結権やストライキ権も認められ，生活，教育，労働を保障する社会権が確立してくる。そうした運動の歴史的な成果として，1919年，ワイマール憲法は151条で「経済生活の秩序は，すべてのものに人間たるに値する生活を保障する目的をもつ正義の原則に適合しなければならない。この限界内で，個人の経済的自由は，確保されなければならない」[16]と，「人間たるに値する生活」が「個人の経済的自由」より上位の原則であると明記した。

　日本国憲法12条，13条は，国民は自由と権利を濫用してはならず，「公共の福祉のために利用する責任」と「公共の福祉に反しない限り」尊重されるべきだとしている。幸福追求権の公共の福祉による制約とは，道路や空港建設のために国が強制的に土地・家屋を取り上げるというような，個人の幸福追求の自由を国益によって制約するということではなく，「実質的公平の原理」にもとづく自他の人権の相互の矛盾を調整することである。たとえば，累進課税制

度によって高額所得者に高く課税したり，個人の生存を保障するための財産権は保護するが，資本家が利潤を追求するための財産権に対して一定の制約をかけ，課税して社会保障の財源にするなど，相対的に不利な立場にある側の幸福追求権を優先し，「実質的な公平」を確保してきた。また，企業による解雇の自由がまかり通っていては，職業選択の自由（22条）は「失業の自由」でしかない。そこで，27条で「勤労の権利と義務」を定めて，労働基準法で労働者の権利と使用者の義務を定め，28条で団結権や団体交渉権を規定し，職業選択の自由を実質化している。

このように，自由権は社会権によって制約され，社会権のもとで調整されることによって，すべての人に自由権が平等に保障されるとともに，自由権の追求が新たな社会権の拡充や発展を促すという関係がつくられてきた。自由権はたんに個人が自己の自由を排他的に求める権利としてではなく，他者との共同のなかで求める権利になり，そのことによって，他者とともに幸福を追求したり，共通の財や資源を共有したりするための社会的連帯も形成された。

ところが，1990年代半ばから本格化した構造改革は，社会権への攻撃をとおして生命・自由・幸福追求への権利を剥奪してきた。さらに，社会権の縮小によって，生命・自由・幸福追求の権利を自助努力で行使できる層と，これを諦めなければならない層への二極化が進んだ。後藤道夫はこれを「社会権の自由権への還元」[17]と呼ぶ。生命・自由・幸福追求の権利を自助努力で行使できる層には，権利行使を「公共の福祉」によって制限されることのない，やりたい放題，なんでもありの社会が訪れ，これらの権利を自助努力で行使できない層には，それを自己責任だとして引き受けさせる社会が訪れた。そしてそのことによって，他者とともに幸福を追求したり，共通の財や資源を共有したりするための社会的連帯も破壊された。こうして一人ひとりの〈存在要求〉と〈発達要求〉の実現可能性が奪われていったのである。

そうすると，生活指導の実践と運動は，幸福追求権を排他的に競い合い独占的に行使しようとする傾向に対して，幸福追求権を協同して追求する運動をとおして，「健康的で文化的な最低限度の生活」の水準を高め，共通の財や資源

を共有したりするための社会的連帯を再生させること，換言すると，「暮らしを支える良好な生活環境の確保を通じて形成される『社会的なつながり』，『社会的な絆』とそれを支える諸制度」[18]からなる社会を再生するという課題を担うことになる。

2 適切な保護を請求する権利としての社会権

この課題について述べる前に，社会権をめぐる現在の論点に言及しておかなければならない。社会権とは「社会＝公共に対して福祉のサービスを請求する権利」[19]である。社会権をめぐる議論には，サービス請求権が個人の自由にたいする国家の介入を招き入れるとしてこれを疑問視する議論もある。たしかに条件整備や保護を国に求めると，国は条件整備や保護の責任があるとして，個人の自由に介入しようとする[20]。規制緩和の議論のなかででてきた「措置から契約へ」という議論を見てみよう。たとえば，子どもをどの保育所に入所させるかを行政機関が決める〈措置〉は，預けたい保育所に預ける自由の侵害なので，預けたい保育所と直接〈契約〉する方式がよいという議論がある。この議論では，預けたい保育所に預ける自由権が前面に押し出されているが，〈措置〉に付随する権力性を警戒するあまり，「保育に欠ける」乳幼児を保育所に入所させる国の責任を免責しかねない。こうした議論が市民の側から行われれば，公的な福祉を縮小しようとする新自由主義国家にとっては歓迎である。

しかし社会権は，「保護を通じた恣意的支配」を拒否するのはもちろん，それを警戒して保護そのものを拒否するのではなく，「〈適切な保護〉を請求する権利」[21]でもある。そして〈適切な保護〉を請求するというのは，「国家にたかることでもなければ，他人に甘えることでもなく，……自助の現代的形態として把握されるべきもの」[22]である。「自助の現代的形態」としての〈適切な保護〉の請求とは，サービスの提供をまるごと国家や行政機関に依存するのではなく，その反対に，国家によるサービスをあてにしない自助でもなく，何が自分たちに必要な〈適切な保護〉なのかを決め，「社会＝公共の『制度的代表』としての国家や自治体などの『公』の関与」[23]を求め，国家や自治体

に義務と責任を果たさせていくことである。

第5節　反貧困に挑む子ども集団づくり

　このように考えると，学校における生活指導には，「社会的なつながり」「社会的な絆」と「それを支える諸制度」からなる社会を再生する力を子どもたちに育てるために，貧困状況と向かい合い，自ら問題を解決するための組織・グループ・人間関係をつくり，つなぎ，発展させていくこと，その取り組みを通じて，〈存在要求〉と〈発達要求〉をもつことや，その実現に必要な社会的条件整備を求めることが自分たちの権利であることを学ばせていくことが求められるのではないか。

　第一に，自由権と社会権との統一的な実現，とりわけ生活保障，就学保障，就労保障を求める組織やグループを多様につくりだしネットワーク化していくことである。これまで，社会保障運動，教育運動，労働運動の相互交流はそれほど活発ではなかったが，すでに労働者ユニオンや地域労組が企業別労働組合の壁をこえ，正規・非正規の区別なく，社会保障・社会福祉の運動の方向へと展開し，それを支援する人々が合流している例にみられるように，個々の運動がつながっていく傾向にある。このことについて，鎌田慧との対談のなかでの湯浅誠の次の発言は興味深い。

　「……運動をやっている人というのは違いを見つける能力に長けている。俺とあいつはここが違う，あいつのここがダメだということを非常に的確にみつける。その指摘はだいたい正しいんですが，しかし仲間をふやすことにはつながらない。わたしは，そうやって違いをみつけるためにかけてきたのとおなじエネルギーを，一致点をみいだすことにむけていれば，これまでの運動は相当変わっていたと思うんです。だから今後は，その労力を一致点の模索に振り向けていくということを意識的にやっていきたいと思います。」[24]

　「一致点」という発想自体は新しくはない。1970年代の社会運動では，「一致する要求」や「一致点」でさまざまな団体や個人が集まり共同戦線を張るこ

とが模索されていた。それとの違いを湯浅がどこまで意識しているかは定かではないが、〈存在要求〉と〈発達要求〉の実現可能性を奪われている点では多くの人が一致できる。その経験を蓄積していくことが「新しいちから」の形成につながることを期待したい。

　また、非正規労働者、青年、女性、管理職などが個人の資格で加入する個人加盟制ユニオンにみられるような企業横断的な新しい労働運動にも着目しておきたい。A社では労使交渉の結果1万円の賃上げを獲得したのに、B社ではゼロ回答ということもある。企業横断的な労働組合があると、同一の職種については、企業側代表者と組合の交渉によってどの会社に勤めていようと同一賃金となる。企業別賃金ではなくて、同一職種同一賃金の可能性が高まるのである。このことは子ども集団づくりにとっても示唆に富む。1組では許可されたのに、4組では許可されなかったということはめずらしくないが、子どもの視点からみるとこれは不公平である。どの会社に入ったか、その会社にある労働組合がどれくらいの力をもっているかによって、同一職種でありながら労働条件や待遇に違いがあることと、誰が担任なのかによって同じ要求が認められたり認められなかったりするという点で、企業別労働組合と学級経営が重なり合う。新しい労働運動が示唆しているのは、この〈担任しだい〉という不公平を子どもたち自身が解決できる可能性である。

　学級（ホーム）をこえた自発的な結社（ヴォランタリーアソシエーション）がつくられ、この結社（アソシエーション）がどの学級（ホーム）の問題についても、学級管理責任者としての学級担任や学年教師団、校長と交渉する。この結社（アソシエーション）づくりが可能なのか、この結社（アソシエーション）の面倒をみるのは教師か、スクールソーシャルワーカーか、親か、オンブズマンか、児童会や生徒会ではできないのか、学年集団づくりの可能性はないのかなど検討課題は多いが、子ども集団づくりの可能性としてイメージを豊かにしていきたい。

　第二には、孤立した人々、自分を責めている人たちをつないだり自己肯定観を回復していく運動である。運動というと、政治革新運動・労働運動・〇〇反対闘争などのような、大規模な、目に見える、権力や資本に対する抵抗運動と捉えられがちである。しかし、今、地域に広がっているのは、たとえば不登校、

非行，虐待，DVなど，その当事者たちにとって切実な要求にもとづくグループやそのネットワークであり，それらがその人たちにとっては，「生きる支えとなる関係性」[25]となっている。

　厳しい現実のなかで日々やりくりしながら，その状態からなんとか抜け出そうと努力している人たちには，誰にも言えずに溜めこんできた思いを聴いてもらう機会や，それをある程度安定したグループやサークルへ発展させていくこと必要がある。そういう機会がないとき，他者からの批難，軽蔑，差別を自己責任として内面化させ，自尊心を否定するようになる。これらは権力支配に対する目に見えるかたちでの抵抗運動ではないが，新自由主義的な社会再編に対する最もラディカルな（根源的な）抵抗になりうるものである。

　第三に，一人ひとりの幸福追求のための社会的な条件がなくてはならないこと，貧困は自己責任ではなくて，この社会的条件の欠如の結果であること，市民にはその社会的条件の整備を請求する権利があることについての学びである。近年，労働基準法を中心とした働く権利の学習として広がっているが，それがただの権利のカタログの紹介に終わることなく，権利の行使の仕方を身につけさせ，またワーキングプアにならないための個人的努力を促すのではなくて，みんなの利益になることはみんなの権利として実現するという経験をつませ，近い将来の自分がそうであるかもしれない青年労働者たちの闘いを紹介したり，実際に体験したアルバイト先での出来事などを教材にすることが必要だろう。

　現代の生活指導運動は，「反貧困」の運動と連帯して，生活・教育・労働の各分野において，人々の社会権の保障とその具体化に取り組むことをとおして，人々をそれらの権利をともに実現していく担い手にしてくこと，人々に自らが「生命・自由・幸福追求」の権利の担い手であることを意識化させること，人間としての尊厳を回復・保護・発展させることを課題としている。今，私たちが取り組んでいる子ども集団づくりとは，自らの生存と発達に必要な生活と学びを創造し請求する子どもたちの社会運動を組織し，支援することである。そして，それをとおして，そのための権利行使能力を育てる教育の一環である。

【山本　敏郎】

注
（1） 山本敏郎「〈格差〉〈貧困〉問題と生活指導」全国生活指導研究協議会『生活指導』657号，明治図書，2008年7月号参照。
（2） 松本伊智朗「貧困の再発見と子ども」浅井春夫・松本伊智朗・湯澤直美編『子どもの貧困』明石書店，2008年，36頁。
（3） アマルティア・セン「潜在能力と福祉」M.C. ヌスバウム・A. セン編著，水谷めぐみ訳『クオリティー・オブ・ライフ』里文出版，2006年（原著1993年）。
（4） センは，人々に高い所得を保障して裕福にする方法を「富裕アプローチ（opulence approach）」と呼んで批判する。その反対に，所得の多寡ではなくて，個人の満足度や効用感が高ければ豊かであるという考え方を「効用アプローチ（utility approach）」と呼び，これも批判する。効用アプローチの問題にも少しふれておこう。効用アプローチが重視する満足とは「現実との妥協の産物」である。長い間，経済的困窮を強いられてきた人は，暮らしの必要からみると不足はしていても，わずかな所得や財にとりあえず満足する（妥協する）ように慣れてくる。パンを4個食べると満足する人に3個与え続けると，3個に慣れてきて，3個で満足できるようになっていく。その反対に裕福な生活をしている人は，暮らしていくには必要なくても，消費欲求や所有欲求を充たすために高額な所得を欲する。軽自動車を維持するのがやっとの人は1500CCの自動車を購入できれば大満足だろうが，3000CCの自動車を所有している人は2000CCの自動車では満足しない。このように満足という心理的な基準はそれ自体が移ろいやすく，経済的格差を固定することになりやすい。A. Sen, *Commodities and Capabilities*, Oxford 1985.（鈴村興太郎訳『福祉の経済学―財と潜在能力』岩波書店，1988年）。なお，同書からの引用に際しては鈴村訳を参照にしているが，キーワードなどは鈴村訳とは異なる訳語や表現を採用している。
（5） 社会学者の見田宗介も所得や金銭の多寡を貧困の尺度とする考え方を批判する。生活するうえで所得を必要とする社会において，所得がきわめて少ないことが問題なのであって（「貨幣からの疎外」と，「貨幣への疎外」の「二重の疎外」，あるいは「二重の剥奪」），所得が必要ではないのに所得が高ければ豊かであるというわけではないという。たとえば「自分たちの食べるもの」を自分たちで栽培していたドミニカの農民がそれを禁止されると，食べるものを市場で買わなければならない。そのためには，大量消費市場向けの商品作物をつくって金銭を得るしかない。この場合，農民たちの所得は数値のうえでは高くなるが，自然や共同体が解体され，それらから引き離されることになる。見田によればこれを豊かであるとはいえない。また，これは直接には「南」（ドミニカ）での例であるが，「北」では「強いられた富裕」があるという。「貨幣への疎外」（貨幣を所有していないと生活できない）が前提され，生活の「必要」の水準が「吊り上げられ」ているにもかかわらず，その「必要」に対応するシステムはない。見田宗介『現代社会の理論』岩波書店，1996年，103-113頁参照。
（6） A. セン著，池本幸生・野上裕生・佐藤仁訳『不平等の再検討』，岩波書店，1999年，

174頁。引用文中にある capability は，本訳書では「潜在能力」と訳出されている。しかし，引用直後の本文で述べているように，capability を潜在能力と訳すと，センの真意が伝わりにくいと考え，引用にあたっては capability とした。
(7) 松井範惇「可能力（ケイパビリティ）と豊かさ」松井範惇・池本幸生編著『アジアの開発と貧困』明石書店，2006年，47−48頁。ニュアンスはやや異なるが，二宮厚美は，capability を「誰もがもちあわせている諸機能（functionings）を，自由な選択的組み合わせのもとで発揮する力」とし，「顕在化力」がふさわしいという（二宮厚美『格差社会の克服』山吹書店，2007年，79−80頁）。
(8) 岩川直樹「『貧困と学力』という問題設定」岩川直樹・伊田広行『貧困と学力』明石書店，2007年，32頁。
(9) 湯浅誠がいう「溜め」は，センの capability に相当するもので，「溜めの欠如した状態」が貧困である。「溜め」については，湯浅誠『貧困襲来』（山吹書店，2007年）を参照されたい。「溜め」とセンの capability については，湯浅誠・河添誠編『「生きづらさ」の臨界』（旬報社，2008年）を参照されたい。
(10) A. Sen, ibid, p.5. ウェルビーイング（well-being）は「福祉」と翻訳されることが多いが，福祉を welfare ではなくて well-being に転換しようという論調のなかには，自己責任にもとづく自己実現を主張する潮流があり，ウェルビーイングを〈福祉〉と翻訳することには躊躇せざるをえない。ここでは，まさにその人の暮らしぶりが「よい（well）」「状態（being）」という意味で〈豊かさ〉あるいは〈幸福〉とする。
(11) Ibid, p.10.
(12) 財を所有することや所得を増やすことを否定しているのではなくて，財の所有は〈豊かさ〉という目的（end）にとっての手段（means）であって，それ自体が目的なのではないという（ibid, p.28）。
(13) セン著，池本幸生・野上裕生・佐藤仁訳『不平等の再検討』岩波書店，1999年。人々が財を用いて何ができるようになるのかに焦点を合わせて豊かさ（well-being）を把握する方法を，センは「機能アプローチ」（functionings approach）と呼ぶ（ibid, p.10）。なお三つのアプローチが生活指導論にいかなるインパクトを与えるかについては，山本敏郎「転換期の生活指導を問う」（日本生活指導学会編『生活指導研究』第14号，大空社，1997年）を参照されたい。
(14) 前掲（2），23頁。
(15) 存在要求（欲求）ということばが，神野直彦『「分かち合い」の経済学』（岩波書店，2010年，174−175頁）のなかでも用いられている。同書には，人間の欲求には，「外在する物資を所有したいという欲求」である「所有欲求」に対して，「人間と人間が調和する，さらには，人間と自然とが調和することによって充足される欲求」として「存在欲求」があげられている。そして所有欲求を充足すると「豊かさ」を実感し，「存在欲求」を充足すると「幸福」を実感するのだとされる。また，工業社会では「存在欲求」を犠

牲にして「所有欲求」を追求してきたが，ポスト工業社会では「存在欲求」の充足を追求することができるという。このように「所有」―「豊かさ」に対して「存在」―「幸福」というカテゴリーを対置させると，貧困とは経済的貧困，豊かさとは経済的な富裕，幸福とは「心の豊かさ」のことにならないだろうか。

(16) 高木八尺・末延三次・宮沢俊義編『人権宣言集』岩波書店，1957年，212頁。
(17) 後藤道夫「二五条改憲と構造改革」『ポリティーク』12，青木書店，2006年。
(18) 小沢隆一「民主主義と公共圏」森英樹編『市民的公共圏形成の可能性』日本評論社，2003年。
(19) 渡辺洋三「福祉についての権利論」『法の科学』10，日本評論社，1982年。
(20) 国は，国民の教育に関する要求にもとづいて教育の条件整備をする責任と権利があるから教育権は国家にあるというかつての「国家の教育権」説はその代表である。
(21) 笹沼弘志「現代福祉国家における自律への権利」『法の科学』28号，1999年。
(22) 前掲(19)。
(23) 前掲(18)。
(24) 鎌田慧『いま，逆攻のとき』大月書店，2009年，12頁。
(25) 横倉節夫『共同と自治の地域社会論』自治体研究社，1998年。

First1 第4章　子ども集団づくりのパースペクティヴ
　　　　　―アソシエーションの視点から―

第1節　子ども集団づくりの二つの視点

　子ども集団づくりという用語が，2003年ごろから使われるようになってきた。その特徴的な視点の一つは，「制度的なふちどりをもたない」[1] 用語を採用することによって，子ども集団が組織され活動する領域を学級に限定せず，学校全体そして地域にまで拡張したことである。それによって「学校―学級」という制度から排除されたり離脱する傾向のある子どもたちが生きていくことのできる拠点を制度空間の外側につくる可能性，既存の制度を揺さぶる問題提起的な活動集団に成長していく可能性，地域に活動拠点をもつ子ども会，学童保育，クラブチーム，少年団とつながる可能性，そしてそのつながりによって，子どもを保護するネットワークがつくられ，学校を地域住民のものにしていく可能性が開かれた。しかし，学級担任教師にとっては，集団づくりの拠点が学級であるため，学級という「制度的なふちどり」がない実践を構想することは容易ではない。そのため従来からの学級集団づくりを子ども集団づくりと呼び換えているだけの実践も少なくない。

　子ども集団づくりのもう一つの視点は，「子どもを父母・住民，教職員とならぶ制度変革の『主体』として位置づけ」て，「父母集団や教職員集団と協同して学校づくりや地域づくりに参加する子ども集団，また学校協議会や地域教育協議会に参加し，大人世代と協同する子どもという世代集団」[2] をつくることである。これは，子どもたちが自らを組織化した子ども集団が，制度・生活・社会をつくりかえる主体である点を強調している。

　子ども集団づくりが学級という「制度的なふちどりをもたない」のは，学級集団づくりをやめることではなく，学級の外のエリアも意識しつつ，学級集団

づくりそのものを見直していく視点を提供するためである。端的にいえば，学級経営と同化癒着しがちな，学級経営の下請けになりがちな学級集団を，原点に戻って，自らの意志で自らの目的のために自らを組織化した集団として，子どもたちに取り戻させるすじみちを構想しなければならない。以下では，このことについて「主体的，能動的，意識的に」結びついたアソシエーションという視点から考察する。

第2節　生活をつくりかえる運動の主体としての子ども集団

1　コミュニティとアソシエーション

　子どもたちが自らを組織化した子ども集団を，制度・生活・社会をつくりかえる主体と捉える考え方は，マッキーヴァー（R.M. MacIver）のコミュニティとアソシエーションというカテゴリーで根拠づけることができる。コミュニティとはそこで人々がかかわりあいながら生活を営んでいる一定の圏域をさし，アソシエーションとはコミュニティのなかにつくられた団体や組織である。たとえば，町内会，子ども会，婦人会，老人会，子育てを考える会，環境問題グループ，ボランティアグループ，商店会，消防団，文化・スポーツサークル，地域労組，生協の班などである。

　地域づくりや町づくり研究では，コミュニティとアソシエーションを次のように用いて，地域づくりや町づくりを説明している。町づくりとは，町を環境，文化，経済，くらしの全般にわたって，そこに住む人間にとってくらしやすい町（コミュニティ）にしていくことであり，その運動を担うのが，町という生活圏（コミュニティ）のなかにある諸集団・団体・グループ（アソシエーション）である。コミュニティの必要から生まれ，コミュニティをつくっていく主体がアソシエーションである[3]。このカテゴリーを生活指導や子どもの要求実現運動に置き換えれば，子どもたちの生活圏（コミュニティ）のなかから，子どもたちのアソシエーションが生まれ，その活動を通して共同的な生活がつくりだされると考えることができる。ただし，マッキーヴァーのアソシエーション

では，セルフメイドの自発的結社も，営利企業も，行政の下請け組織も，国家までもすべてアソシエーションに含まれてしまい，ここまで拡張するとアソシエーションと呼ぶ必然性が薄らいでしまう(4)。たんなるコミュニティに対するアソシエーションという意味にとどまらず，アソシエーションという概念が社会運動のなかで必要とされ登場してきた必然性にそくして，アソシエーションの意味を限定したほうがよいだろう。

捧堅二はこう述べる。「普通『アソシエーション』は，ある目的のために組織された集団一般をさして使われる言葉である。現代社会における膨大な数の社会集団が『アソシエーション』であり，現代社会はまさに諸アソシエーションの複合体である。しかし，『アソシエーション革命』といわれる場合，このような広い意味ではなく，もっと限定された意味での『アソシエーション』が念頭にある。広い意味での『アソシエーション』のなかには営利団体もあれば，非営利団体もあるし，また権威主義的な組織構造をもつ集団もあれば，民衆的で，自治的な集団もあるが，このうちいま注目されているのは，非営利の，民衆的，自治的な社会集団としての『アソシエーション』である」(5)と。

大谷禎之介はマルクス（K. Marx）が形容詞的に使用しているアソシエーションの動詞の過去分詞にあたるドイツ語の assoziiert (associated) の使用例を整理しながら，人々が自らの意志で「主体的，能動的，意識的に」結びついた場合に「アソーシエイトした諸個人」と表記され，本人たちの意志に依らず，他人によって結びつけられた場合はコンビネーションを意味する kombiniert (combined) と表記されていることを明らかにしている(6)。だとすると，アソシエーションと呼ぶためには，「主体的，能動的，意識的に」結びついた「非営利，民衆的，自治的な」社会集団という条件を満たさなければならない。

2　コミュニティとしての学級

子ども集団づくりは，学級という「制度的なふちどりをもたない」ものではあるが，学級集団づくりを否定するのではない。カテゴリー関係としては，子ども集団づくりは学級集団づくりを含むと同時に，従来の学級集団づくりの捉

え直しを迫るものである。

　そこで，学級におけるコミュニティーアソシエーション関係からみてみよう。子どもたちが学校に滞在する間，最も長い時間を過ごし，そこでの生活を通して友だちとの関係やつながりが形成され，子どもたちの人格形成に最も大きな影響力を行使するのが学級である。つまり学級は子どもたちにとってはコミュニティである[7]。

　『子ども集団づくり入門』（明治図書，2005 年）も，「子どもたちの活動や関係が交差し，これらが発展していく場としての学級」だとか，「さまざまな生活世界を生きている子どもたちが集い，学習をはじめとする多様な活動を共有していく空間」とか，「子どもたちそれぞれの生活世界や関係性が絡み合いながら成立しているコミュニティ」と表現している[8]。

3　アソシエーションとしての学級集団

　この〈コミュニティとしての学級〉を，管理者である学級担任が学校経営の一環として統治するのが学級経営である。学級経営のために学級委員，班・班長，係，当番などが制度としておかれる。この制度を使って，学級担任は学校の管理・経営業務に子どもたちを従事させ，特別活動でいう学級活動や学校行事に参加する単位として学級を経営する。換言すれば，特別活動でいう学級活動や学校行事というのは，もともと管理ー経営活動であるものを，学習指導要領に記載することであたかも教育活動であるかのように偽装したものである。この組織を〈コミュニティとしての学級〉と区別するために，〈管理組織としての学級〉と呼んでおく。〈管理組織としての学級〉は，その設置者の都合で編成されたものであるから，アソシエーションとしての資格をもたない。

　アソシエーションと呼ばれる資格をもつのは，孤立，排除，気遣い，牽制，パワーゲーム，やさしさごっこなどで覆われた学級を，安心して自分を表現したり，弱音を吐いたり，希望を語ることができ，自らの要求にもとづいて活動を展開できる共同的な生活空間へと再生していくために，〈コミュニティとしての学級〉のなかで，自らを「主体的，能動的，意識的に」組織化した〈自治

集団としての学級集団〉である⁽⁹⁾。

〈自治集団としての学級集団〉とは，まず，〈コミュニティとしての学級〉を，自らの必要と要求に従って発展させていく主体としての運動体である⁽¹⁰⁾。コミュニティに対するアソシエーションである。そして，〈自治集団としての学級集団〉とは他人によって他人の目的にしたがって編成された集団ではなく，自らの意志で自らの目的のために自らを組織化した集団である。コンビネーションに対するアソシエーションである。このように，学級と学級集団を意図的に区別し，学級集団を学級というコミュニティを共同的な生活の場にしていく主体としてのアソシエーションと再定義することで，「自分たちの生活と学習を民主的に組織していく自治的集団」[11] という性格を際立たせることが可能になる。

4 ヴォランタリー・アソシエーション

アソシエーションとはコミュニティを共同的な生活の場にしていく運動主体なのであるから，アソシエーションを学級のメンバー全員が参加する「トータル・コミットメント型組織」[12] としての学級集団に限定する必要はない。それ以外に，生活指導研究運動は，学級で発生した問題を解決するために当事者や有志が集まってつくった組織や共通する趣味や関心で集まったサークルのような，ワンイッシューの自主的な組織も創造してきた。

子どもたちからすると，学級集団や児童会・生徒会のような「トータル・コミットメント型組織」が，自分たちで手をつけることができないレディメイドの組織であるのに対して，ワンイッシューの組織は，共有可能な一つの目的を達成するために，自らの意志で集まった有志の組織であるため，自分たちの組織と感じることができる。その点を強調して，このワンイッシューの自主的な組織をヴォランタリー・アソシエーションと呼んでおきたい。「主体的，能動的，意識的に」結びついた集団であることがアソシエーションの条件であるならば，ここでわれわれが取り上げているアソシエーションはヴォランタリー・アソシエーションのことである。

ところで,ヴォランタリー・アソシエーションは社会学では中間集団にカテゴライズされるが,佐藤慶幸は伝統的なゲマインシャフト的な中間集団とは異なる特徴として,個人の自由と自律性に立脚し,官僚制原理に対峙し,そのあり方を制御し変革するための運動体であり,自由な個々人が,国家権力と経済権力から自律し,人間的結合の可能性を追求するものだと述べる。そしてその結合原理を個々人の自律性ないし主体性にもとづく結合であるという意味で「自律的連帯主義」と名づける(13)。先の捧堅二がいう「非営利の,民衆的,自治的な社会集団」という性質とも一致している。また佐藤はヴォランタリー・アソシエーションのいくつかの類型を提示しているが,これを参考にしながら,これまで試みてきた生活指導におけるヴォランタリー・アソシエーションをタイプ分けしてみよう(14)。

> ① セルフヘルプグループ……自分たちがかかえている問題や状況を自らの手で改善しようとする当事者グループ。いじめの被害にあっている子どもたちが語りあう会,お父さんやお母さんの帰りが遅くてさびしい子どもたちのおしゃべりクラブのような集団。
> ② クラブ・サークル的なグループ……文化活動,レクレーション,趣味やゲームなど,自分たちの要求を自分たちの活動をとおして充たしていく同好的な活動グループ。学級内クラブなどがこれにあたる。
> ③ ボランティアグループ……学級集団のなかの係や仕事としてではなく,自発的に他者を援助しようと集まったグループ。たとえば,いやし隊,ピーポー隊のように,級友の困りごとに「どうしたの?」と働きかけていくグループや,トラブルを抱えている級友のことを理解しようとするグループ(○○君研究会)。
> ④ 社会運動グループ……社会的な問題への関心を高める活動,公的(official)な決定やルールに対する異議申し立て,少数派や弱者の権利擁護行動など,公共的争点の解決を志向するグループ。

便宜的にこのように分けてみたが，①から④にいくにしたがい，各アソシエーションの活動範囲は，個人間の関係から，学級というコミュニティへ，そして学級をこえたエリアへ広がっていく。たとえば，次のようなことは予想されるし，よくあることである。セルフヘルプグループのなかで，他者からの評価やコメント抜きに自分の思いを聞いてもらった経験をした子どもたちが，このグループ以外の子どもたちの話を聞こうとするボランティアグループに発展していくことがある。また，自分たちが楽しむためにつくったハンドベースクラブが，他学級のチームと対戦する機会が増え，自分たちで大会を企画したりすることもある。または子どもたちやクラブの要求が学校の管理体制と衝突するような事態が発生すると（体育館や運動場の使用規定，ほかの学年・学級との利害など），クラブは楽しむだけではなくて，公共的争点の解決もその活動のなかに含むようになる。ボランティアグループや社会運動グループは，はじめから学級の外，学校の外につくられることもある。

第3節　アソシエーション過程としての集団づくり

1　権力過程とアソシエーション過程

　今，コミュニティとしての学級，管理組織としての学級，自治集団としての学級集団と区別したが，それはあくまでも理念上の区別であり，実体的・可視的に三つを区別できるわけではない。一般的には，学級担任が，班を編成し，班長を選び，係や当番などの仕事を分担し，最低限必要なルールを決めるなど，学級経営に必要な組織化を行う。学級集団づくりとは学級担任教師が学級経営のために編制した管理・経営組織を，子どもたち自身で指導し管理する自治集団としての学級集団につくりかえていく実践である。これを田畑稔に従って「アソシエーション過程」と呼んでおこう。

　　「『アソシエーション』過程は，……『社会的諸力』を『社会的諸権力』として『外化』するこのような『権力』過程とは反対の方向の過程，つまり諸個人が社会的自己統治能力を展開して，相互孤立的あり方を克服することに

よって,『外化』された『社会的諸力』を諸個人自身に服属させる過程であるといえるだろう。」(15)

　子どもたちの力が,子どもたちが自ら立てた目的を達成するために,子どもたち自身の手によって組織化されるのではなくて,学校システムや学級管理者としての教師の都合で組織化されるため,子どもたちがもっている力が,学校システムや学級管理者に移転してしまうこと,つまり外化することが「権力過程」である。これとは逆の方向で,子どもたちがもっている力を自分たちの目的のために行使することが「アソシエーション過程」である。

　アソシエーションとは,「主体的,能動的,意識的に」自らを組織した集団であり,学級集団もまたアソシエーションであるならば,学級のなかに学級経営に必要な管理組織をつくることは,生活指導にとっては不必要で,やってはいけないことなのか。もしそう考えられるのであれば,この考え方は,指導とは自主性を引き出すもの,自主的な活動を組織するものだということを忘れている。その反対に,アソシエーションが「主体的,能動的,意識的に」自らを組織した集団であるという理由から,その立ち上げから運営をすべて子どもに委ねるのであれば,それは指導の放棄にすぎない。学級集団づくりにおいて,学級生活をスタートするにあたり最低限必要な管理組織を編成するのは,学級管理者としての学級担任の学級経営上の仕事であると同時に,学級集団を自立させていくために,子どもたちが学級のなかで,何をしてよいか,何から始めればよいかの見とおしを与えるという指導の第一歩でもある。その意味で教師の指導責任の範囲である。

　協働的・組織的な活動の経験を積ませ,自分たちで共通の目的を立てて,それを達成するために自分たちの力を使う方向へ発揮させていく。そしてその活動は,子どもたちの自主的な学習活動,文化活動のみならず,学校の管理―経営過程の一部にも及ぶことから,子どもが学校の管理―経営活動に対する発言権や裁量権や管理権を請求する過程,すなわちアソシエーション過程となる。

　問題とされるべきは,学校管理者の責任で行うべき学校の管理―経営活動を,あたかも子どもが従事するのが当たり前であるかのようにいつまでもやらせ続

けるなど，学校システムの都合で子どもの力を使い続けることである。学校掃除はその典型である。学校掃除は学校という施設の管理業務である。しかし自分たちの使ったところは自分たちで掃除しようといわれ，「自分たちの使ったところ」が学校全域に拡張され，「教師たちしか使わないところ」まで子どもたちが掃除をする。いつのまにか「学校のため」にすり替わっていく。しかも学校掃除は管理—経営活動であるにもかかわらずあたかも教育の一環であるかのように教育的に偽装されている。学級経営とはそういう権力過程である。

　さらにやっかいなのは，こういう学級経営が学級集団づくりと混同されていることである。あとでもふれるが，集団が取り組む活動が，集団が取り組む必然性のない活動であれば，討議—決定という手続きをふんだとしても，それは子どもの力を外化させ，教師権力のなかに移転させたにすぎない。

2　学級集団と諸アソシエーション

　子ども集団づくりは，トータル・コミットメント型の自治組織をとおしての集団づくりと，ヴォランタリー・アソシエーションをとおしての集団づくりの二つの柱をもつことになる。学級における子ども集団づくりならば，全員が加入する学級集団と，任意参加のさまざまなグループである。これ以外に，なんらかの共通目的を達成するために集まった組織ではなくて，個人と個人のそれ自体を目的とした交友関係も含めれば，三つの柱となる[16]。ここではトータル・コミットメント型の自治組織とヴォランタリー・アソシエーションの関係について考察してみよう。班とグループに関する議論や実践がその手がかりとなる。

　『学級集団づくり入門　第二版』（1971年）においては，「班は，子どもたちが集団とは何かを知らず，したがって集団的行動にも慣れていないとき，子どもたちに集団を教え，集団を認識させていくための，最初の教育的道具として編成されたもの」[17]であり，学級集団という総集団（全体集団）の基礎集団（下位集団）であって，班が独自のプランをもって行動することは想定されていない。

一方、『新版　学級集団づくり入門』(1990年) は、班が学級集団という総集団（全体集団）の基礎集団（下位集団）という性格と同時に、第一次集団の性格をもっていることを明言し、「班独自活動」という用語を登場させ、「班づくりとは、自治の基礎集団であると同時に、…」「親密な交わりをももつと同時に自治組織でもある班…」(18) というように、班が学級集団からは相対的に自立して独自に活動する自治集団であると規定している。こうして班は、学級集団という全体集団にたいする基礎集団、班独自で班の意志をもって活動する自治集団、親密な交わりをもつ第一次集団という多様な役割をもつことになった。

　実践的には、班の編成方法として、教師がある教育的意図をもって班を編成する方法とならんで、「好きな者同士の班編成」が導入される。好きな者同士の班は、実態は公的な班（学級集団の基礎集団）としての性格よりも、私的なグループとしての性格を色濃くしていることから、好きな者同士の親密さとはどういうものかを考えさせて、親密さを発展させたり（第一次集団化）、親密さの裏に潜む力関係や序列関係を明るみに出して、関係の組み換えを図ったりしてきた。こうして班を手がかりに学級集団の基礎集団としての活動への指導のみならず、関係性の指導もまた「班づくり」という指導体系に組み込まれてきた。

　好きな者同士で編成した班ではあっても、班として編成した以上は客観的には学級集団の基礎集団としての活動を分担して担う公的な組織であるが、実態は私的グループだという二重性、あるいは両者が未分化な状態から班および班づくりは出発する。基礎集団としての性格と親密な仲間であるという性格は必ずしも一致するものではないから、基礎集団としての班と親密な仲間関係とに分化させていくことが指導の見通しとなる。

　また、班独自活動も同じような指導の見とおしを立てることができる。学級集団の基礎集団としての班は、学級集団の決定に従って仕事を分担して取り組む組織である。その班が独自に班の意志をもって活動する必然性はない。しかし、あえて班独自で班の意志をもって活動することを保障しようというのである。つまり客観的には学級集団の基礎集団である班を手がかりに、目的を共有し、協働して活動する経験をとおして、班という装置に依拠しなくても、自分

たちで同好の者を誘い合い，有志を組織して班横断的な有志グループや学級内クラブをつくることができるようにするのである。

このように，班は当初はさまざまな機能を未分化に内包している。それを分化させていくことが班づくりという集団づくりの一側面である。換言すれば学級集団づくりの見とおしのなかで，「主体的，能動的，意識的に」自らを組織したヴォランタリー・アソシエーションを生み出すという構想である。

第4節　オルタナティヴ・ストーリーを紡ぎだす自治活動

1　ドミナント・ストーリーとオルタナティヴ・ストーリー

「アソシエーション過程」を構想するさい，集団が担う活動が子どもたちにとって「主体的，能動的，意識的に」取り組むことのできる活動であるかどうかも重要である。学校行事を例に考えてみよう。学校行事を自治活動として組織し指導する生活指導実践は多いのだが，学校行事は学校というシステムが必要としている活動なのか，子どもたちにとって必要な活動なのかという問いはあるのだろうか。学校は必要としているが，子どもたちにとってはあまり意味があるように思えない活動に対して，取り組む目標を決め，意義を確認し，仕事を分担することは自治活動ではない。

文化祭，合唱祭，運動会，卒業式などの学校行事や，学校掃除に代表される学校の管理－経営業務は，原理的にはさておき，現実にはそれに参加するかどうか，従事するかどうかを子どもたちは決定できない。学級経営は，これらが子どもたちの要求であるかどうかおかまいなしに参加や従事を強要し結果を評価する。子どもたちの要求でもないのに，自治活動だと称して朝練習や放課後練習が組まれ，乗り気ではない子どもたちは非難や取組みの対象とされる。これは自治の偽装である。この問題をどう解けばよいのだろうか。

「学級の活動を『道徳』『学活』『行事』『総合的な学習』などに仕切り，所定の時数どおり行うことを強要する新指導要領にたいして，それらを総合して子ども集団づくりの活動内容にしようという『戦術』を対置していまし

た。」(19)

　学校が準備した活動をそのままなぞらせるのではなくて，自分たちにとって意味ある活動内容に変換してしまうという趣旨である。これをマイケル・ホワイト（Michael White）のナラティヴセラピーにしたがって考察してみよう。ホワイトは，「個人的失敗という現象は，近年，指数関数的に増大している。人々が，今ほど，適切な人物になり損ねたという感覚を持ちやすかったことはないし，今ほど，それが日常的にいとわず分配されたこともない」[20]という。

　「近代的権力」は，生活をつくり上げ，生活をいろどり，生活をかたちづくり，ないし生活を制作して，現代文化において構成された規範を再生産して人々の生活に作用させた。人々はこの「近代的権力」によってつくられた「規格化する判断（normalizing judgement）」を受け入れて，自分自身やお互いの生活を点検し，評価する。そして「規格化する判断」を充たしていないことを自覚させられ，自己の過失（the lapses）」や「手抜かり（the omissions）」を思い知らされる。そして，この「規格化する判断」の内にある「理想」や「本物の」自分，「真正の」自分に近づく努力を迫られる[21]。その結果，「本物の」自分になれないという「否定的なアイデンティティ結論」がつくられる。

　ホワイトは，自身のナラティヴセラピーにおいて，「規格化する判断」によってつくられた「ドミナント・ストーリー」の結果である「否定的なアイデンティティ結論」を「外在化する会話」をとおして「解明（unpacking）」しようとする[22]。人は「規格化する判断」を評価基準にして，その基準に合わない自分を失敗者だと評価する。そこで，求められる基準どおりの行為ができないダメな人間と評価され，受け入れている人に，「なぜ失敗者と評価されるのか？」「失敗者と評価されることについての気持ちは？」などと問いかけて，問題と評される状況とその人のアイデンティティとを切り離して，問題を自身の目で捉え直すことを促し，評価者がつくった基準を達成しようと努力していた自分とは異なる，なんらかの「つもり」をもって振る舞っていた自分とそれが自分にとっては大事な価値であることを発見していく。こうしてオルタナティヴなストーリーをとおしてオルタナティヴなアイデンティティの再生が企てられて

いる。

2　学校行事をとおしてオルタナティヴ・ストーリーをつくる

　山口高明（京都，高校）の文化祭の実践(23)をもとに考えてみたい。山口が担任する２年１組は学校からの評判もあまりよくない。「去年ショボかったから今年は楽しくやりたい」という文化祭担当の生徒の一言から文化祭企画の討論が始まる。討論は「さながらグループ間の勢力争いの様相」を呈しながら，全員で踊るソーランとヒップ・ホップ，パラパラ，そして模擬店と決定される。その練習の進め方や運営をめぐってもまたグループ間，個人間のもめごとやトラブルは当然あったが，山口にいわせると「彼女らの演ずる舞台は完璧」というほどの出来栄えであった。最優秀賞は学校の評価の高い別のクラスという前評判のなかでステージにチャレンジし，「最優秀賞は当然と自信とプライドをもって舞台を踏んだ」のだが，結果は優秀賞どまりであった。生徒たちの感情は「落胆を通り越し怒りに近いものだった」という。

　この文化祭は学校が企画した学校行事で，全ホームルームがステージ発表をし，優秀学級が表彰されるコンテスト形式で行われる。しかも，学校からも気に入られていて前評判も高いホームルームがあり，何をやらせてもダメだと自他ともに認めているホームルームもある。参加するかどうかを決定できず，学校的評価基準で表彰される学校行事に，「討議－決定－実践－総括」といういわゆる自治の基本型をふまえて取り組んだとしても，これを自治と呼ぶわけにはいかない。

　「最優秀賞は当然と自信とプライドをもって舞台を踏んだ」とか，結果は「落胆を通り越し怒りに近いものだった」からといって，彼女たちの目的は，学校という「近代的権力」がつくった「規格化する判断」の内にある「理想」に従って，「本物の」自分や「真正の」自分に近づく努力をすること，すなわち最優秀賞をとって学校的価値がもとめる「いい子」になるというドミナント・ストーリーの役者を演じることではなかった。彼女たちはこれとは違うオルタナティヴ・ストーリーをもっていた。もちろん複雑な気持ちがまじりあっていた

のだろうが，否定的な評価にさらされてきたことへの反発やこれに対する見返しにとどまらず，最優秀賞に値するくらい取り組んできたという自負や，自分たちが訴えたいことへの共感があったという手ごたえが，彼女たちをして「落胆を通り越し怒りに近いもの」を生起させたのである。彼女たちの訴えたいことはなんであったか。それが幕間の「2－1文化祭アピール」のなかに表現されている。

「（南中ソーランとは－引用者）時代も学校も光華とは違うけれど，何か私たちの気持ちと似たところがあると思いました。学校が面白くない！ 先生が私達の言っていることをわかってくれへん。そんな気持ちでいっぱいです。私たちの望む学校は，校則・校則ばっかりに学校じゃなくて，生徒の意見を大切にしてくれる楽しい学校です。そんな願いを込めて，2年1組全員でソーラン節を踊ります。」

最優秀賞の一クラスだけしかアンコールステージ立てないことに不満をもっていたところに，ソーラン節の指導した河野収先生からの手紙が届く。

「人は見かけで判断してはいけないといつも教えてきた私自身が，あなたたちの素晴らしさに出会って，あらためて考えました。人は一人ずつ違うからこそ素晴らしいのだと思います。…これはもう南中ソーランじゃなかった。光華2－1ソーランでした。…最優秀賞ではなかったと聞きました。でも，いいじゃないですか。あなた達は，間違いなく一番頑張った。一番もめて，一番まとまった。一番熱心な先生と，一番熱心なクラスメートで，一番熱くなれた。…」

河野さんのこの手紙で，2－1の生徒たちは，自分たちの文化祭の取組みが，ドミナント・ストーリーをアンパックしてオルタナティヴ・ストーリーを紡ぎだす取組みであったことをはっきりと自覚したのである。学校行事実践はそれをとおしてオルタナティヴ・ストーリーを語ることを構想しなければ，ドミナント・ストーリーのうえを行き来するだけに終わる危険性をはらんでいる。

子どもが生活者であることを忘れたとき，生活指導は，生活が子ども指導するものから，教師が子どもに「正しい」価値を教える権力過程としての生徒指

導に変質する。子どもを社会生活や学校の生活の主体だとするならば，子どもたちの集団（アソシエーション）は，子どもたちの世界（コミュニティ）において子どもたちの手によって組織され，その活動は子どもたちの手で構成されなければならない。はじめに学級経営や学級活動等のマニュアルやプログラムがあるのではなくて，それをも作成者の意図どおりではなく，自治集団の活動内容として換骨奪胎しつつ自治的な世界をつくり広げ，オルタナティヴ・ストーリーをつくることがアソシエーション過程としての集団づくりの課題である。

【山本　敏郎】

注

（1）　竹内常一・鈴木和夫「インタビュー　子ども集団づくりとは」全国生活指導研究協議会『生活指導』603 号，明治図書，2004 年 4 月臨時増刊号，11 頁。
（2）　同上，12 頁。
（3）　野村秀和編『協同の社会システム』法律文化社，1994 年，35 頁。マッキーヴァー『コミュニティ』ミネルヴァ書房，1977 年。筆者は，これらにインスパイアされて，「小人数授業システムと子どもの基礎集団」（『生活指導』569 号，明治図書　2001 年 9 月号）において，学級と学級集団とを，生活圏（コミュニティ）としての学級，運動体（アソシエーション）としての学級集団とに区別した。
（4）　田畑稔は，「現代の社会学ではアソシエーションは村，町，市のような『コミュニティ』との対比で，諸個人が特定の利害関心にもとづき合意して形成する非常に多様な集団を総称する場合（マッキーヴァー，1914）と，もっと限定して国家領域や営利企業（市場）や伝統的中間組織（家族や地域共同体や教会など）と区別される『自律的連帯集団』を総称する場合（佐藤慶幸，1982）とがあるようである」と整理し，「我々の場合はもちろん後者に近い意味で用いている」という（田畑稔他編著『アソシエーション革命へ』社会評論社，2003 年，26 頁）。これに対して，大谷禎之介は「自律的連帯集団」に限定するのは誤りだと指摘している。
（5）　捧堅二「国家とアソシエーション」同上，50 頁。
（6）　大谷禎之介『マルクスのアソシエーション論』桜井書店，2011 年，211 頁以下。
（7）　その重要性を強調するために「第一次生活圏」と呼んでもよいだろう。横倉節夫『共同と自治の地域社会論』自治体研究社，1998 年。
（8）　全生研常任委員会編『子ども集団づくり入門』明治図書，2005 年，59–60 頁。全生研第 53 回大会基調提案は同じ意味で「生活の場」と呼んでいる。かつてはこういう意味を捉えて，学級を基礎集団ということもあった。しかし集団には自らを組織化した結合と

　　　　いう意味があるが，学級は必ずしも自らを組織した結合ではなく，学校によって編成されたものなので，学級を基礎集団と捉えないほうがよいだろう。
（9）　大谷よると，マルクスがアソシエーションと呼んでいるのは，まずは「各人の自由な発展が万人の自由な発展の条件であるようなアソシエーション」という表現に代表されるような新しい社会システムであり，ついでその具体的な形態としての協同組合，労働組合，国際労働者協会などである。つまり社会という意味と組織という意味の両方で用いられている。
（10）　筆者は，全生研第44回大会基調提案へのコメントのなかで，子ども集団とは「生活をつくりかえる運動の主体」であると述べた（「生活をつくりかえる主体としての子ども集団の運動」『生活指導』587号，明治図書，2003年1月臨時増刊号）。
（11）　前掲（1），12-13頁。
（12）　前掲（4），田畑他，40頁。
（13）　佐藤慶幸『アソシエーションの社会学』早稲田大学出版会，1982年，24頁。佐藤は，これと対立するいわゆる「日本的集団主義」の原理を「連帯的自律性」と呼ぶ。
（14）　同上，89-97頁。
（15）　田畑稔『マルクスとアソシエーション』新泉社，1994年，146頁。
（16）　このことについて筆者はかつて「組織」「自主的グループ」「交わり」と表現したことがある（山本敏郎「子どもの側から自治をとらえ直す」共同研究グループ編『生活指導を変える』青木書店，1994年）。最近では，「自治的集団」「活動集団」「第一次集団（教育的集団）」（竹内常一「『集団づくり』とは何か―学童保育への問いかけ―」『学童保育研究』6，かもがわ出版，2005年），「全員参加組織」「自主的グループの指導」「プライベート関係の指導」（塩崎義明編著『スマホ時代の学級づくり』学事出版，2012年）という区別もある。表現こそ違え，20年前からこの三つの回路で集団づくりが構想されつづけているのは確かである。
（17）　全生研常任委員会『学級集団づくり入門　第二版』明治図書，1971年，93頁。
（18）　全生研常任委員会『新版　学級集団づくり入門　小学校』明治図書，1990年，68頁。
（19）　前掲（1），20頁。
（20）　M.ホワイト著，小森康永監訳『ナラティヴ・プラクティスとエキゾチックな人生』金剛出版，2007年，154頁。
（21）　同上，168-171頁。
（22）　同上，128頁。
（23）　山口高明「文化祭―2―1ソーランへの道程」『高校生活指導』No.156，2003年，青木書店。

第5章　当事者性のある生活と学びの創造

第1節　傍観者ではなくて当事者へ

　第3章で、「社会的なつながり」「社会的な絆」と「それを支える諸制度」[1]からなる社会を再生する力を育てることが生活指導の課題であると述べたが、そういう社会を再生するさいに求められるのは、他者の存在に気づき、他者のおかれた状況を想像でき、他者の権利の実現にともに行動することではないだろうか。松本伊智朗は、次のように指摘する。

　「格差が拡大し、社会の主流から排除される人が増え、結果として分断された社会は、異なる社会的立場にある人への共感を奪う。住む世界が異なり、日常的に共同する関係が成立しなければ、問題が『他人事』になって理解をむずかしくさせる…。」[2]

　「社会的なつながり」や「社会的な絆」を再生するには、人々が、トラブルに遭遇した人を見ながらそれを他人事として眺め、論評する、あるいは関心を示さない傍観者（outsider）になるのではなく、それを自分にも関係のある問題として引き受け、ともに問題解決のためのアクション（action）を起こす当事者（actor）になっていくことが求められる。反貧困ネットワーク代表の宇都宮健児もまた次のようにいう。

　「貧困問題は、貧困当事者だけの問題ではない。同じ社会に住むすべての人々の問題である。貧困が広がる社会は、誰もが人間らしく安心してくらせる社会とは言えない。貧困のない社会はすべての人々にとって生きやすい社会である。」[3]

　もちろん、貧困の当事者自身が声をあげ、立ち上がることは大切だが[4]、

貧困を貧困の当事者だけの問題として，関心をもたず，声もかけず，つながろうともしないことこそが排除としての貧困である。そこで本章では，まず，当事者になるということがどういうことなのかを検討したうえで，人々が傍観者ではなくて当事者になるための条件は何かについて，いくつかの実践もふまえながら明らかにしたい。

第2節　当事者性をたちあげる

当事者になるとはどういうことか。当事者運動に一定の影響力をもっている上野千鶴子の当事者論をみておかなければならないだろう。本章では，第三者が他者の問題にどのようにして当事者になるのかというように，関係論的に当事者をみようとしているのに対し，上野は自分の問題にどのようにして当事者になることができるのかと，実存的に捉えようとしているが，当事者とは何かを考えるうえでは参考になる議論なので最初に検討しておきたい。

当事者とは，字義どおりには「事」に「当たっている」人のことである。何らかのトラブルに遭遇している人といってもよく，したがって客観的には誰もが何らかの問題の当事者である。ところが，中西正司と上野千鶴子は，次のように述べて，たんに「事」に「当たっている」だけでは当事者とはいえないという。

　「当事者とは，『問題をかかえた人々』とは同義ではない。問題を生み出す社会に適応してしまっては，ニーズは発生しない。…新しい現実をつくりだそうとする構想力を持ったときに，はじめて自分のニーズとはなにかがわかり，人は当事者になる。」(5)

中西と上野によると，当事者とは，ただトラブルに遭遇しているだけではなく，自分たちのニーズを認識し，新しい現実をつくりだそうと，問題解決を試みている人である。また別の著作では，自分に必要であるにもかかわらず欠乏しているものは何か，何が剥奪されているかを知り，それを請求し達成していく「ニーズの主体」になることを「当事者になる」と述べて，「当事者である」

ことと「当事者になる」ことを区別し，後者に関心を寄せて捉えようとしている[6]。

「当事者である」ことと「当事者になる」ことについて整理しておきたい。中西と上野が最も強調したいことは，人々が，自分たちがどういう状況のなかにいるのか，その状況の何を問題と捉え，それをどう変えたいというニーズをもって，新しい現実をつくりだすためのアクションをどのように起こすのかということである。

> 「ニーズが顕在化することをともなって，当事者は『当事者になる』。ニーズが潜在化されている限り，当事者は当事者とはならない。社会問題の構築主義の立場に立てば，クレイム申し立て活動の担い手となったときにはじめて当事者は『ニーズの主体』として『主体化』される。」[7]

このように，ニーズが顕在化し，ニーズの主体になることを，「当事者である」ことと「当事者でない」こととの境界線とし，「当事者でない」人がどのようにして「当事者になる」かを考えようというわけである。

人がどのように「当事者になる」のかに焦点を当てることに異論はないが，「ニーズの主体」であることをもって「当事者である」かどうかを区別するのは，「当事者である」ことのハードルが高すぎるのではないか。「ニーズの主体」となり切れていなくても，問題をかかえている人たちはいずれは「ニーズの主体」となる潜在的な可能性をもっていると捉えるべきであろう。また，「ニーズの主体」になり切れていないのは，問題を解決したいのに，どうすれば解決できるか見通しが立たないがゆえにアクションを起こすことができず，しだいに，あるがままの現実を黙って受け入れて生きていくしかなくなっている状態である。

そうだとすると，「ニーズの主体」であることをもって「当事者である」かどうかを区別し，「当事者でない」人が，ニーズを自覚して「当事者になる」というすじみちを描くのではなく，まずは，問題をかかえている人，トラブルに遭遇している人を当事者と捉え，彼ら／彼女らが，しだいに，自分たちがどういう状況のなかにいて，その状況を変えたいというニーズを自覚し，アクシ

ョンを起こしていくすじみちを，彼ら／彼女らが自分のなかに「当事者性をたちあげる」と呼ぶ方がいいのではないだろうか。そう捉えると，自分の問題であるにもかかわらず，それを自覚できないでいる人が，しだいに問題状況を認識し，ニーズを自覚し，アクションを起こすことも，他者の問題だけれども，あたかも自分の問題であるかのように問題状況を認識し，ニーズを自覚し，アクションを起こすことも，いずれも「当事者性をたちあげる」ことだと表現できる。

第3節　他者の呼びかけに応答して当事者性をたちあげる
―自己の視点を超えて他者の視点へ―

　当事者性は，他者の呼びかけ（calling）に応答（response）しようとするときにたちあがってくる。地多展英（愛知・小学校教師）の実践に即して考察してみよう(8)。

　1999年9月，名古屋市や西枇杷島町を東海豪雨が襲った。地多は「水に浸かった街をテレビで見て，いてもたってもいられなくなり，何か手伝いをと，休日に現地に行った」。そして，そこで出会った人たちから聞いた話を学級通信に書き，教室で子どもたちに話したところ，子どもたちが自分たちも何かしたいと言いだした。地多の学校や自治体では「ボランティア・サービス活動」が盛んで，総合的学習の時間でも取り上げられていた。そうしたなかで，地多は，「子どもは学習するもので，現地で活動したり，社会にアクセスして直接参加するものではない」と考えており，迷った末，とりあえず西枇杷島プロジェクトチームをつくり，募金を集めて，現地の小学校にドッヂボールを送った。

　子どもたちは，大切に使っているという旨の返事をもらったことをきっかけに，「なんか募金だけしてるのって，みんなをバカにしているような気がしてきた。私たちも行ってみたい」と言いだし，総合的な学習の時間の一環として，西枇杷島プロジェクトチームのメンバーが現地に行くことになった。その後，ほかのメンバーも加わり，自立支援ボランティアの「負けせんぞ！　水害にし

び」チームと出会いともに活動する。ニュース配りを担当したり，「ゴミのことは君たちの知恵をかしてほしい」と頼まれたり，孫運動，もちつき，町長へのメッセージ作戦に参加する。

　西枇杷島からの助けてほしいという呼びかけに，子どもたちはなぜ応答したのだろうか。

　清眞人によると，「応答関係に入る人間主体は，まずもって他者によってそれまでの自分が思いもしなかった仕方で呼びかけられ，問いかけられ，その衝撃のなかで，それに応答しようとして初めて自分を応答の主体として見出し形成する」(9)，また，「他者が自分のこれまでもっていた物事の理解の枠組み・意味付けの枠組みをはみだし，その外部にあり，また全然自分が理解できていない或る別な意味の連関を生きていて，そこから問いを発している存在だということ，このことを思い知らされた」(10)のだという。

　そうだとすると，子どもたちが応答したのは，西枇杷島の被災者からの呼びかけが，子どもたちにとっては「思いもしなかった衝撃」的なものであり，その衝撃により，これまでの自分たちの「物事の理解の枠組み」では，呼びかけている他者を理解できないことを「思い知らされた」からだということになる。清の言葉でまとめると，「応答する主体」になることができるのは，「これまでの自分の《世界》理解を，自分が応答すべきその他者の側から，その他者の身になって考えようと試み努めることで疑い，そこへと安住することを捨て，その他者の視点へと自己を超えていこうとするものへと変わった」(11)からにほかならない。他者としての西枇杷島の被害者たちが直面している現実と他者からの呼びかけが，これまで自分がもっていた「世界理解」の枠組みを一旦こわし，西枇杷島の被害者たちがもっている「世界理解」の枠組みで現実を捉えることを余儀なくしたからである。

　しかし，それでもなお，子どもたちは，これまで自分がもっていた世界の理解の枠組みを一旦こわし，西枇杷島の被害者たちがもっている世界理解の枠組みで現実を捉えようと決断したのはなぜか，まだ不明である。「思いもしなかった衝撃」から逃げることはできたはずである。

第4節　呼びかけに対する責任としての応答

　この問いを解く鍵の一つが，応答することと責任をもつこととの関係の把握の仕方にある。応答する責任について，高橋哲哉が次のように述べている。

　「英語の『責任』にあたる言葉，responsibility という言葉は，だれだれに答える，応答する，respond to という動詞表現に関係していて，要するに応答できるということですね。他者からの呼びかけ，あるいは訴え，アピールがあったときに，それに応答する態勢にあることを意味すると考えられるのです。」(12)

　責任があるというのは，責めを負わされてしかるべきというよりも，「応答の用意がある」ということである。高橋は，続けてこうも述べる。

　「あらゆる社会，あらゆる人間関係の基礎には人と人とが共存し共生していくための最低限の信頼関係として，呼びかけを聞いたら応答するという一種の"約束"がある。」(13)

　「この"約束"を破棄する，つまりいっさいの呼びかけに応答することをやめるときには，人は社会に生きることをやめざるをえないし，結局は『人間』として生きることをやめざるをえない。」(14)

　人間は他者からの呼びかけに対して「応答しうる存在」であるという本質論的な規定である。そうだとすると，「呼びかけを聞いたら応答するという一種の"約束"」として，逆説的にいうと，応答しないことは「『人間』として生きることをやめざるをえない」こととして，子どもたちは枇杷島からの呼びかけに応答したのだろうか。「人間関係の基礎に，……呼びかけを聞いたら応答するという一種の"約束"がある」ことが人間存在の本質だとしても，実際には応答できないことが多い。

　岡野八代は，ロバート・グディンの責任論を概観しながら，他者に対する責任は，契約関係上の義務としての責任としてではなく，「わたしたちが特定の他者や関係性に『特別な責任』——絶対的な責任ではなく，その他にも担うべ

き責任に対して相対的に『重い』とされる責任——を負うべきなのは、他者とともにおかれたある関係性のなかで、ある特定の他者が、わたしたちの行為や選択に左右される、すなわち『傷つきやすい vulnerable』立場におかれるからである」(15)と述べる。

これによると、西枇杷島の被害者たちは子どもたちの「行為や選択に左右される」存在であること、子どもたちからすると、彼ら／彼女らが西枇杷島の被害者たちの現実をいくらかでも変えうる立場におかれ、西枇杷島からの呼びかけに、何もしないのか、何かをするのかの選択を迫られて、呼びかけられているのは自分だ、呼びかけに応答する（respond）のは自分なのだという責任感（a sense of responsibility）が彼ら／彼女らのなかに生まれたということができる。

だが、それでも子どもたちが西枇杷島からの呼びかけに応答し、当事者性をたちあげてボランティア活動に取り組むことを選択した理由は解けない。応答責任（responsibility）が、それを自分は発揮できるのかという「自己の内なる良心から発する内的な責任を問う言葉として誕生した」ものであり、ゆえに、呼びかけは「応答する側の自由な主体的決断を前提」として発せられているとするならば(16)、子どもたちは、何もしないという「主体的決断」をくだして、傍観者となることを選択できるからである。

NHK放送50周年記念番組『未来への航海』全7回シリーズの第2回として、2003年10月18日に教育テレビで放映された「心で学んだ水俣病」のあるシーンはそれを象徴している(17)。このプロジェクトに集められた日本の中学3年生6人に、水俣病をアジアに伝えるという課題が与えられ、劇作家平田オリザ指導のもと、取材したことをもとに劇で表現することとなった。

水俣を訪問し、チッソ工場を見学したり、患者たちに取材したりした直後のことである。今でも手足に痙攣が残ること、漁師仲間が死んでいくのがつらかったこと、奇病扱いされ、「うつるから寄るなと」差別されてきたこと、水俣病というのを隠してきたことを聞き、胎児性水俣病患者の成人式の写真を見て、当初は遠足気分で、平安時代のことかなというような軽口を叩いていた中学生たちが、想像を超え、日常の生活からあまりにも遠い水俣の現実に圧倒され、

自分たちが劇にしていいのかというような，これを劇にする戸惑いが生まれた。水俣からの呼びかけが，中学生たちにとっては思いもしなかった衝撃的なものであり，その衝撃により，これまでの自分たちの世界理解の枠組みでは，他者を理解できないことを痛感させられたにもかかわらず，である[18]。

このように，呼びかけられても，圧倒的な現実の前に自分の無力さを感じ，立ちつくすことはまれではない。簡単に自分の「行為や選択」で現実が変わるという見通しをもつことはできないし，ゆえに現実を変えることを「自分のニーズ」とすることも容易ではない。呼びかけられても自分のこととして当事者性をたちあげるのは難しい。むしろ実際には，そのほうが多いだろう。

第5節　他者と現実を共有するとき当事者性がたちあがる

他者——実際の当事者——の呼びかけに，それを自分の問題と捉えて応答できるのは，他者と自己との間になんらかの共通性があるから，換言すると，呼びかけられた問題が，たしかに自分の問題でもあることが確信できるからである。

「相手が私に差しのべる『呼びかけ』は，つねに私の内部に存在し同時に私と相手とを何からの点で共通につないでいる或る何かに対してなのだ…。その呼びかけを無視できずに思わず呼応してしまう何かが私のなかにあって，それが私を応答へと突き動かすのだ。……私の存在それ自身を構成している或る内部的な契機と相手から発する呼びかけとは，はじめから連絡している。」[19]
相手の「呼びかけ」が自分のなかの何かとつながっており，そのつながっている何かが応答を呼び起こすのだという。

「『呼びかけてくる』とは，つねに我の内部のある何かに対してなのだ。我の存在それ自身を構成しているある内部的な契機と相手から発する呼びかけとははじめから連絡している。つまり呼びかけは応答を要求するものとしてはじめから我にかかわっている。『呼びかけてくる』主体はなにか本質的なあるものをこの私と共有している主体である。呼びかけの関係ははじめから呼びかけ—応答の一対の関係性として，相手と我とのあいだに分けもたれて

いる。呼びかけは相手のなかにとどまっているものではなくて，相手を超えて我に届くものであり，他方，応答は我のなかにとどまっているものではなくて，我を超えて相手へとむかうものである。」[20]

このように，呼びかける他者と呼びかけられる自己との間に「なにか本質的なあるもの」が共有されているのだともいう。だから，呼びかけは応答されることによって呼びかけとしての実質を備え，応答は呼びかけた相手に受けとめられて応答としての実質をもつことができる。その意味で，呼びかけと応答は「呼びかけ－応答の一対の関係性」としてしか存在しない。

西枇杷島に行った子どもたちが，西枇杷島からの呼びかけに「思わず呼応してしまう」のは，西枇杷島と自分たちの地元の豊田とのギャップに気がついたからである。西枇杷島の「孫運動」は，クッキーをつくって届けたり，掃除や家具の固定などの手伝いに行くなど，「その方の家で実際の役に立ったり，その方の姿を見て，触れて，一緒に困っていることを考え行動するもの」だった。

豊田にも「だんだんクラブ」という高齢者との会食の会があるが，お互いの家を訪ね合ったりしないというルールがある。当時6年生で「だんだんクラブ」にかかわっていた加奈さんは，西枇杷島の「孫運動」を体験したあと，すでに高校生になっていた井田君たちとつながり，「異年齢による子どもボランティアグループ」に加わっていく。そして「地元でこそ孫運動をしたい」という井田君たちの思いと加奈さんの問題意識とが重なり，「孫運動・前山の会」が立ち上がり，「孫運動・前山の会」の活動によって「お互いの家を訪ね合ったりしないというルール」はなくなっていく。さらに地域を変えることを経験した子どもたちは，谷川さんの家の草を刈るための草刈隊を結成し，草を刈るにはどうしたらいいのかを考え，行動し，民生委員や市当局をも動かしている。

西枇杷島で水害の当事者と出会い，行動を共にし，〈事〉に〈当たる〉ことを経験したことで，自分の生活圏で自分に何が求められているか，何ができるのか，どのように〈事〉に当たればよいのかに気がついてたちあげたのが「孫運動・前山の会」や草刈隊である。西枇杷島からの呼びかけとそれに応答した経験は，子どもたちのなかに「だんだんクラブ」への違和感を呼び起こし，新

しい現実をつくりだそうとする当事者性をたちあげたのである。

「未来への航海」の中学生たちについても同じことがいえる。川上真緒は，水俣で深い印象を受けた，胎児性水俣病患者の上村智子さんの写真を含めて，40年以上も水俣病の患者を撮り続けている写真家の桑原史成を訪ねる。その取材を通じて，「カメラマンの桑原さんも，第三者といえば第三者ですよね。だけど，やっぱり第三者でも，伝えることはできた。じゃあ私たちは子どもだけど，カメラマンではないけど，違うかたちで伝えることができるんじゃないかって。やっぱり劇で伝えられるんじゃないかって。ここでけっこう確信に思ってて」と述懐している。また劇を演じる直前には，「いじめじゃなくても，今はけっこう，死ねとか，けっこう平気で言うんですよね。なんか…，冗談で『お前死ねよ』とかって言っちゃうんですよ。自分達から。命の重さ，大切さってのが分かってほしいなって思ったんで，少しでも，この劇でそれを伝えられたらいいなって思います」。

彼女は，水俣でおきた出来事と，自分たちの日常世界で現実に起きていることとを，本質的につながっているものとして捉えることができたがゆえに，第三者であっても伝えることができるという確信をもつことができたのである。そう考えてみると，当事者性をたちあげることができないのは，他者がかかえている問題に本気でかかわろうとすると，自分自身が自分の問題にどうかかわっているかを問われてきて，それを避けようとするからだといえるかもしれない。逆に，自分の問題と考えなければ，他者がトラブルをかかえて困惑している状況を，安易に批評したり，裁いたり，操作したりできる[21]。

第6節　応答する責任としての学び

地多の水害ボランティアも，NHKの未来への航海も，子どもたちにとっては学びである。子どもたちに呼びかけ，子どもたちが応答したのは，西枇杷島の被災者や水俣病の被害者である。しかし子どもたちに呼びかけ，子どもたちが応答した相手は，西枇杷島の被災者や水俣病の被害者にとどまらない。西枇

杷島の被災者や水俣病の被害者の背後にあって，西枇杷島の被災者や水俣病の被害者をして西枇杷島の被災者や水俣病の被害者たらしめている社会的・歴史的現実からの呼びかけに，当事者性をたちあげて応答したのである。

　地多の記録によると，井田君には登校をしぶる時期があり，父親が出社できずにいたことを受け容れられない時期があったという。それがボランティアをつうじて，「その父の弱さを（"登校しぶり"している自分のなかにある同じ弱さを）認め，受け容れ，そして，『そんなにがんばらなくてもいいじゃん』と許そうとしました。『助けてって言ってもいいんだよね』，いつか彼がそんな言葉をわたしに言ってきたことがありました」とある。さらに地多の言葉をつなぐと，「現地の人たちの『弱さ』と『支え合い』を同じ場所にいて自分のものとして感じながら，やがて自分自身の『弱さ』をも開こうとし」たとある。西枇杷島の人たちやボランティアの人たちの，「弱さ」を曝け出した呼びかけにふれることで，自分のなかにあった「弱さ」と向かい合い，それを表出させてもよいことを学ぶと同時に，そういう見方で父親をみることもできるようになっている。こうして，当事者性を立ち上げることを通して，新しい自分や他者と出会うことができている。

　「未来への航海」では，中学生たちが劇をつくってアジアの中学生と水俣の人たちに向けて演じている。登場するのは，胎児性水俣病患者ユキコ，その妹のアキコ，母親，父親，おじ，医者。そのクライマックスは，裁判が始まり，保証金などで家族の間でも激しい対立が起きていた時期に催されたユキコの誕生日の場面である。そこにおじが訪ねてきて，すぐにでも金を払うから裁判をやめてほしい，会社をつぶしたら保証金も出なくなる，娘はユキコだけではなくてアキコもいるだろうという。そして叔父が帰ったあと，アキコが，お姉ちゃんのことをいえないから，家に友だちを呼べないという。そして，しゃべることのできないユキコのことば。「アキコ，本当ね？　私がおかしかけん？　だけんアキコ辛かと？　ばってんアキコ，お姉ちゃん，生きてて嬉しかよ，毎日ね，お母さんにも，お父さんにも，アキコにも，迷惑ばかけとる。でもね，生きてなかったら，お母さんに会えん。お父さんに会えん。アキコにも会えん

もん。だけんが，生きとる。みんなといたか。だけんね，生きとる。生きとって，嬉しか。」続いて父と母，「ユキコは，お父さんたちの宝子たい。」「そう，宝子。ユキコは，お母さんの身体の中にたまった毒を全部吸い取って生まれてきたんよ。だけんね，病気になってしまったとたい。アキコがこがん元気かとも，お姉ちゃんのおかげたい。だからユキコは，宝子たい。」

　このストーリーは，取材した事実にもとづいてはいるがフィクションである。事実そのものではないがそこには中学生たちが受けとめた真実がある。水俣の人たちに精一杯共感し，水俣の人たちに見えたであろうこと，感じただろうことを，自分たちも想像して，見て，感じようとして，それを演劇のストーリーとして練り上げる過程，それを表現する過程，こうして傍観者から当事者になり，新しい自分を発見する過程がある。

　演劇の意味について，演劇を指導した平田が次のように述べている。

　「演劇ってのは，なにか，人間はこう生きなくてはならないとか，人間はこう生きるべきだというようなことを，道徳を伝えるものではないですね。そうではなくて，そこに，なにかそのドラマの中で変わっていく人間が描ければいいんで，その，題材はもしかしたらその家族の，被害者の家族の話だったり，胎児性の水俣病の患者の話になるかもしれませんけれども，本当にお客さんに伝わるのは多分，それを通じて変わっていった子どもたち，6人の子どもたちなんだと思いますね。」

　中学生たちは一番見てもらいたいのは水俣の人たちだという。最初は水俣に遭遇して何もできなかったが，水俣からの呼びかけに応答できるようになった，「変わっていった」自分たちを見てほしかったということである。そうすると，応答すべき社会的・歴史的な課題は何か，誰のどのような呼びかけに応答するのかが学習指導にとっては大きなカギになる。取り組むに値する課題との出会いが，子どもたちを成長させるのである。

第7節　新自由主義と新保守主義を越える学びの可能性

　実はこの点に，新自由主義な学びと新保守主義的な学びを超えていくための鍵があるのではないか。新自由主義は，多くの人間が知を共有して，「平和的な国家及び社会」をつくることに参加するための教育を，個人としての成功や生き残りをかけて知識の習得を他人と排他的に競い合う教育へと変質させた。そして国の役割を，教育を受ける機会の平等な保障から，サービスとしての教育の提供へと変質させていった。後藤道夫風にいえば，社会権としての教育権の自由権としての教育権への還元である[22]。

　一方，新保守主義は，「国民を統合し，その利害を調停し，社会の安寧を維持する義務のある国家は，まさにそのことのゆえに国民に対して一定限度の共通の知識，あるいは認識能力を持つことを要求する権利を持つ」「義務教育という言葉が成立して久しいが，この言葉が言外にさしているのは，納税や遵法の義務と並んで，国民が一定の認識能力を身につけることが国家への義務であるということにほかならない」と，あからさまに教育は国に対する国民の義務であると主張する[23]。

　国に対する国民の義務としての教育に，権利としての教育を対置するだけでは，個人が排他的に成功する自由を達成する機会を得ることを権利として主張する新自由主義を批判できないし，逆に，個人の成功のための教育を批判するだけでは，国への義務としての教育にたいする有効な反論は構成できない。

　あるコミュニティで生きるために最低限の知識や技能は必要である。それを請求するのが人々の生存権としての教育権であり，これに応答しそのための制度をつくるのが国家の義務であり責任ある。それを，あるコミュニティで生きるために最低限の知識や技能を身につけることを個人の国家への義務とするのは，論理のすり替えである。ただし，コミュニティを国家で代表させるのではなく，また特定のかたちやエリアを決めるのではなく，何かを仲立ちに生活を共同的に営んでいる関係性と捉えるならば[24]，最低限の知識や技能を身につ

けることを含めて，コミュニティが解決を呼びかけている課題に応答するために，調べ，知り，聞き，問い，討論することはまさにコミュニティへの応答責任ではないか。個人の成功の手段としての教育を批判するには，国家への義務としての教育ではなくて，コミュニティへの応答責任としての教育を対置する必要があるのではないか。そして，コミュニティが解決を呼びかけている課題に応答し，さまざまな解決策を提案し，表現し，討論したりするなかで，課題や課題意識を共有し，コミュニティをどうつくりなおしていくかを創造的に想像することが，新保守主義的なコミュニティへの同一化とは異なるコミュニティへの参加である。

　このように，学びはコミュニティがともに解決することを呼びかけている課題に，当事者として応答するときに成立する。そして当事者として応答しようとするときに，現実をつくりかえるために必要な知識や技能を身につけつつ，現実を変えることは可能であるという見通しを得て，現実を変えたいという要求や，それが自分にも可能であるという確信が形成され，これまでの現実に対するスタンスを変えていくことができるのである。　　　　　【山本　敏郎】

注
（1）　小沢隆一「民主主義と公共圏」森英樹編『市民的公共圏形成の可能性』日本評論社，2003年。
（2）　松本伊智朗「貧困の再発見と子ども」浅井春夫・松本伊智朗・湯澤直美編『子どもの貧困』明石書店，2008年，53頁。
（3）　宇都宮健児『反貧困』花伝社，2009年，143頁。
（4）　反貧困ネットワーク事務局長の湯浅誠が，「この間に一番やっておかなきゃいけないことは，当事者の人たちの活動だと思います。やっぱり当事者運動になっていないのは，もうこれは覆いがたい決定的な遅れであって…。当事者運動に移行していかないといけない。」（湯浅誠「反貧困運動の組織化と研究への期待」『貧困研究』1，明石書店，2008年）と述べて，住居や職を失ったまさに貧困の〈当事者〉が住居や職を求めて立ち上がらなければならないはずなのに，当事者として立ち上がれていないことを指摘している。
（5）　中西正司・上野千鶴子著『当事者主権』岩波書店，2003年，2-3頁。
（6）　上野千鶴子「当事者とは誰か」上野千鶴子・中西正司編『ニーズ中心の福祉社会へ』医学書院，2008年，18頁。

（7） 同上，18頁。
（8） 豊田健三郎「ボランティアの向こうに見えるもの」全国生活指導研究協議会『生活指導』575号，2002年2月号。彼の15年間の取組みについては，地多展英「地域生活指導と子ども集団づくり」全国生活指導研究協議会『生活指導』674〜675号，2010年1〜2月号を参照されたい。
（9） 清眞人『創造の生へ』はるか書房，2007年，104頁。
（10） 同上。
（11） 同上，104-105頁。
（12） 高橋哲哉『戦後責任論』講談社，2005年，30頁。
（13） 同上，31頁。
（14） 同上，32頁。
（15） 岡野八代『シティズンシップの政治学 増補版』白澤社，2009年，269-270頁。
（16） 前掲（9），108-109頁。
（17） のちに『NHKスペシャル 15歳・心の軌跡―水俣病と向き合った中学生―』（NHK総合 11月8日放映）として放映。このプロジェクトは，アジア7カ国，42人の子どもたちが日本に集まり，それぞれの国の環境問題について発表したもの。日本では，903人の中学生が作文を寄せ，6人が選ばれた。
（18） このときの中学生たちの逡巡に対して，平田オリザは「あなたたちはある程度，水俣のことを知ってしまいました。それでもなお黙っているのですか？」とメールを発信した。これは「応答する主体」の自己形成を促すうえで重要な，指導的機能をもった発信である。
（19） 前掲（9），113頁。
（20） 清眞人著『経験の危機を生きる』青木書店，1999年，79頁。
（21） 「未来への航海」において，石塚哲也がBGMを「エクソシスト」してはどうかと提案する場面がある。彼はエクソシストにしたいというのではなく，怖さを表現するなら「エクソシスト」でもいいのではないかという軽い提案だったのだが，ほかのメンバーの否定的な応答があり，平田オリザは即座に却下する。この時点で彼は，水俣に遭遇して，当事者性をたちあげることができず，劇にするという課題を「うまくこなせばいい」と，傍観者にとどまっていることがわかる。また傍観者は容易に相手をモノと見ることができることもわかる。
（22） 後藤道夫「二五条改憲と構造改革」『ポリティーク』12，青木書店，2006年。
（23） 21世紀日本の構想懇談会『日本のフロンティアは日本のなかにある』講談社，2000年。
（24） 「何かを仲立ちに生活を共同的に営んでいる関係性」としてコミュニティを捉えれば，コミュニティには，顔見知りであるかどうかにかかわらず，日常の仲間関係，地域でともに地域づくりに取り組んでいる人との関係，地球的レベルでグローバルイッシューの解決にともに取り組んでいる人との関係まで含めることができる。

第6章　生活指導と学校福祉

第1節　学校における福祉的機能の潜在化

1　学校の福祉的機能とは

　今日，生活指導実践を考えていくうえで，教育と福祉とのかかわりや学校教育と社会福祉をつなぐことがとても大切な課題になっている。本章では，まず，学校教育からみた社会福祉（ソーシャルワーク）との結合についてみていきたい。

　日本の学校教育の歴史は，福祉とその制度論的概念である「保護」をそのうちに取り込んできた経緯をもっている[1]。これは，義務教育の年齢主義や公教育の無償とその内容・対象の拡大，子ども・青年をめぐる発達保障の機関として，学校が発展してきたことに概観できる。

　城丸章夫は，義務教育と学校の福祉的機能との関係について以下のように述べている。

　「義務教育制度が児童労働の禁止と見合って発展させられてきたという歴史的事実を，ここで，私たちは想起すべきである。そしてそのことは，児童労働を禁止するだけでは，まだ子どもは守りきれていないのであり，さまざまな福祉政策が必要であることと，義務教育制度そのものが，福祉政策の一環として位置づけられていなければならない。」[2]

　「義務教育制度を社会福祉の一環としてとらえるということは，学校が福祉施設の一種として，とりわけ，子ども預かり所としての特質をもつものとしてとらえねばならないことを意味する。」[3]

　「日本では労働法の成立が学校法の成立と逆になっているばかりではなくて，学校法が労働法を代位し，子どもを守るべき労働法が子どもを守らず，学校

法がこれに肩代わりをしてきたという事実がある。たとえば今日でも，子どもを保護することの必要性は『学校へやる』ことが唯一の口実となっており，子どもを酷使することが罪悪であるという考え方は社会全体がもっていない。」(4)

近代学校の発足以降，義務教育の成熟度は，教育において子どもや保護者が十分な社会的保障を得ているかどうかがバロメーターとなる。したがって，こうした義務教育の成立と結びつけてみてみると，学校には子どもの社会的養護の役割をもっていることがおのずと確認できる。そして，学校教育と社会福祉を結びつける観点には大別すると次の3点がある。

①　福祉は子どもの就学条件や教育環境条件を整備することであり学校教育の基盤にあたる。
②　福祉は学校や教師の教育活動の全過程においてなされるべきものであり，子どものみならず教師，父母の権利を保障する際の原理となる。
③　子ども・青年そのものが福祉の対象であるとともに，福祉を権利として要求・行使する主体者としてみること。

しかしながら，差別・選別・競争の能力主義教育や教育の自由化・私事化路線にのった受益者負担主義の強化，そして一方的な輪切り選抜の進路（進学）指導，障害児の学習権や発達権の否定，効率主義・合理主義による住民無視の学校統廃合，あるいは子どもの幸せや安全・癒しの「抑圧」など，教育実践にこうした福祉の観点を貫徹するうえで大きな障害がある。1990年代以降，学校における生活指導実践が子どもの権利や保護・ケアを提起してきた根拠には，この三つ目の観点を通じて第一，第二の観点における閉塞的な状況を組み替えようとする意図があったといえる。

ただ，上述した三つの点をただちに学校の福祉的機能と呼ぶには福祉の「両刃の剣」（福祉の制度化,「保護」を通じた支配・管理の問題）からみて慎重にならざるえない状況がある。すなわち，学校の福祉的機能が地域や家庭の要求や補

助のために発生してきたことからみて，そうした機能が今日のような地域や家庭の教育力（愛護，養護機能を含む福祉機能）の低下の肩代わり機能として存在するようであれば，いわゆる「支配的な学校型の地域や生活の再編成」を進行させることになる。「児童保護の上に立って義務教育を行うのではなく，義務教育によって児童を保護するという奇妙な肩代わりが行われてきた」(5)という面を無自覚に温存することになる。

　今，課題となるのはこうした教育政策の「肩代わり」の問題を越えて，新しい学校の福祉的機能をいかに再生・復権するのか，しかもそれを生活指導論や学校論の転換という視野からいかに論じていくのかであろう。これは子どもの権利条約が示すように「子どもの最善の利益 (the best interest of child)」を個別具体的な実態に即して実現する基盤づくりとみる側面に照らし合わせても重要な課題である。また，2000年代に入ってからの児童福祉法改正論議にも見られるように，ある特定の子どもを対象とする保護としての福祉から家庭へのケアとの連続性，およびすべての子どもと子育てへの「支援」としての福祉をいかに実現すべきかという新たな局面への対応にかかわってくる課題である(6)。

　そこでここでは学校における福祉的機能について，以下のように定義しておきたい。

> 　学校の福祉的機能とは，まず，政策概念としての福祉ではなく人権としての福祉を基礎としたものであり，社会とのつながりで言えば，社会的障害をみずからかつ人々とともに克服しようとする人々への援助（社会的障害への働きかけの自由を保障すること）であり，そしてそのことによって芽生えてくる子ども・青年の「学び」と「営み」への教育指導の総体である。

　このことは，今後，生活指導実践の課題に内在するテーマ，つまり権力的な関係にとらわれない自己の形成という問題と切り結ばれていくものである。

2　福祉の「教育化」問題

　学校の福祉的機能が適切に子どもやその家族の生活福祉に対応できず潜在化してしまう一因に，福祉の「教育化」がある。一般に，学校において福祉との接点である福祉教育を下地にして考えてみる。

　「児童」そのものを保護の対象とする。この考え方のなかには，福祉を子どもが働きかける対象として位置づけない考え方が働いている。子どもの指導に対する自己選択や自己決定の保障を視野にいれないばかりか，福祉問題が子どもたちの興味や関心を引き出していることに対して子どもたちの福祉活動への働きかけであると自覚化されにくい状況にある。これは子どもたちの自発性の発展を目的―手段的尺度によって誘導し彼らの福祉観の開放を困難にしているためである。学校における福祉教育やボランティア学習にみられるような，障害をもつ子どもに対して「この人たちもこんなに困難があってもがんばっているのだからあなたたちもがんばりなさい」という励ましにも似た刺激＝指導はその典型例である。

　また，道徳教育教材や『心のノート』に代表されるように，福祉の「教育化」は，すべての人々の幸福を「所与のもの」として教授―伝達の対象にする。したがって，「あわれみ」への情緒的な対応ではないにしても，社会的諸矛盾の事実や社会の問題を読み取る素材（社会財）としての教材として，授業の枠に無媒介に従属させてしまう。これは学習を通じて習得する文化や科学，知識・技能と人々がともに生きることとの連関を深める筋道のプロセスに福祉教育が設定されるのではなく，結果としての福祉活動が要求される学校の大きな問題点につながる。

　しかも，福祉の「教育化」は人権感覚や人権思想の結実への展開がなされず，観念的あるいは個人的しつけで終わる結果を生みやすい。「思いやりの心」「やさしい心」[7]がすべての福祉問題を解決するという観念的な指導によってこうした「心」さえあれば公的な社会保障が確立するといった認識を誤って子どもたちに植えつけかねない。

　一方，社会福祉が歴史的営みとして主権者の創造と努力によって生み出され

てきたことを欠落させては，社会福祉の知識理解のうち現行の制度・事業の運用方法や諸技術の方法論的能力に傾斜し，現代社会の人権や現実生活への認識を高めることには結びつかない。社会福祉を視野に入れないような日常生活での個人的実践（努力）は，福祉教育を高齢者や障害児者との接し方（マナーやエチケット），教育活動の一環として美化・清掃活動に閉じこめてきた。具体的で日常行動を伴う点で，これは近年の特別活動にみられる「勤労体験学習」などと区別がつきにくく，人類がつくり上げてきた社会的努力としての福祉という理解を弱める危険性がある。ボランティアが競争秩序にのった評価，たとえば高校入試への点数化に取り込まれているのはそのあらわれである。

しかしながら，これらは教育と福祉のつながりをめぐる外発的な要因（社会的要請）からの観点によるものである。教育と福祉のつながりに着目することそのものは成長・発達過程にある子ども・青年の自己教育力への働きかけを前提としている。そのことから福祉をその一般概念とは区別して，人々が幸福を求めるにあたっての前提や条件となる日常の状況としての Welfare より，人生や日常生活のなかで幸福であるための生活上の努力やその結果の状況としての Well-being と理解し，教育と福祉がともにどういった内発的な結合努力を行ってきたのか考えていかねばならない。

そこでつぎに，生活指導と社会福祉の結びつきをめぐって，その内発的な側面，つまり生活指導と社会福祉とが相互に要求・必要，課題としあってきたものがなんであったのかを生活指導実践の歴史的経緯から見てみたい。

第2節　内発的な結びつきをめぐる歴史的課題

1　生活指導における福祉の水脈
(1)　生活教育論争と「はみ出したもの」

これまで学校における生活指導の実践的局面にあって，一般概念としての福祉は教育の目的や理念に即応して存在してきた。にもかかわらず，生活指導の理論的蓄積のなかで福祉教育ならびに社会福祉との接点が明確に位置づいてき

た経緯はすでに述べたように不明瞭である。その理由についてまず，歴史的文脈を示しうる生活教育論争から読み取ることにする。

北海道家庭学校シャナプチ分校（教護施設）にたずさわった留岡清男と生活綴方教師（佐々木昂や北海道綴方人ら）との間でなされた「第三次生活教育論争」（1937-38年）は，福祉的教養をめぐる学校知と民衆知の問題，そして教師や学校教育の生活教育論への批判的検討に及んでいる。この論争の出発点は当時の学校教育を視野に入れて留岡が生活主義の教育は子どもたちの実生活と離れていないかと論じ，次の点を忘れていると批判したことに始まる。

「今日の教育は，小学校でも，青年学校でも，また農学校でも，最小限度を保障されざる生活の事実から遊離して，最大限度の観念に満足する一般論を教えている。」(8)

「生活主義の教育とは，端的に言えば最小限度を保障されざる生活の事実を照準として思考する思考能力を涵養する。」(9)

その後，北海道綴方人らとの座談会の感想で，「生活主義の綴方教育は，畢竟，綴方教師の鑑賞にはじまって感傷に終るに過ぎない」(10)と述べ，こうした思い切った批判へのさまざまな議論が生まれた。これは綴方人内部の課題をも突き出させた。そのうちの一つ，綴方が生活指導の契機をもつことで取り込んできたもの，いわゆる綴方教育（綴方科）から「はみ出たもの」をどう整理するのかをめぐって，のちに佐々木昂，村山俊太郎，鈴木道太らの生活のリアリズムや地域社会との関係に関するスタンスを浮き彫りにした。

当時の東北の農村がおかれた生活と子どもの現実を何とかしなければならないと努力していた教師たちが，たとえば，佐々木のように学校での教育を所与のものとするのでなく，生活を指導するのに何が必要なのかから出発し，「村落更正指導」（伝染病対策，生活福祉）などに踏み出し並行して子どもたちとどう生きるかを展望した(11)。すでに抽象化した地域社会に分け入るための生活の具体化を地域社会の現実に求めた。明示的ではないが，農村家庭の生活困難や都市からの偏見，労働力の衰退といった当時の東北地方固有の生活課題を社会科学的に分析する糸口を学校からみた実態だけでなく，地域との接触の過程

で，発見し組み替えようとした。もはや子どもたちにとって，福祉は地域理解の素材というよりも地域そのものの文化的表現の発揮の源泉であったとみるべきである。

また，鈴木道太が戦後直後，町役場の職員（教育文化課―のちに県庁母子課）になって教師から児童福祉司に転じた以降のルポルタージュ「町が学校であるという考え方で」は興味深い。これはすでに学校や学校知を越えたところに福祉を想定する考えである。やや長くなるがその部分を引用する。

「（戦後教師から児童福祉司に転じた理由の二つ目に―引用者）役場と町の仕事に，かつての教育に劣らない生甲斐と熱情とを感ずるようになったからである。役場に入ったばかりの時は，常会指導と勧業が僕の仕事だった。そのうちに，文化課という名前に変って貯蓄や学事などの仕事が入って来たが，やがて戦災者が雪崩をうって町に避難して来るようになると，家を見つけてやったり，家財や寝具の寄付を貰ったり，その援護が僕の主たる役目になった。終戦になって引揚者の群が，そちこちの物置小屋を埋め，銃後奉仕会の解散から，戦没者の寡婦や失業者など，生活困窮者の問題が，ようやく表面化するに及んで，その援護が今度の僕の仕事となったのである。

これは教育であった。教室の代りに町が学校であった。民生委員が困窮者を申請してよこす。それの調書を作り，金を貰ってやる。それだけでは困窮者は立ち直らないのである。教室と同じように『生活指導』が必要であった。町全体が学校であると思われて来ると，かつて『生活学校』でやってきた仕事が，別な立場からやることになる。僕は又狂気のような熱情が燃えてきた。

生活困窮者が，全町学校の最低の層であれば，それへの生活指導と同時に，前衛部隊の教育もしなければならない。僕は復員した連中のうちから，純真な青年の一群を把んだ。これらへの文化の指導・演劇会を通しての町全体の文化の引上げ，絶えず教室への思慕を持ちながら，教壇への復帰をしない理由はここにある。」(12)

この「教室の代わりに町が学校である」という鈴木の考え方は，働きかけの対象が子どもから成人・大人（家族）に移ったこと以上に，生活指導の前提に

生活福祉の存在を発見し，その存在を地域の生活実態から読み取ることができたためである。このことは，のちに学校での福祉教育と地域とのつながりのなかで顕在化してくる。学校（教育）が地域とのつながりをつくりあげる際に何を福祉との関係から追求しようとしたのか。すなわち，地域（社会）の変貌を読み取り，しかも，学校を支える地域住民の意識との緊張関係のなかに生活向上への視野をもち込んである。この点について鈴木が残した教訓は，今日の生活指導における地域福祉思想である。

　もともと，教育と福祉の統一が教育実践において強調されてきた背景をみると，生活指導は学校と地域生活との関係のなかで，「地域における学校とは何か」という議論に含まれてきた。戦後初期であれば，当時の学校教育の指導観や子ども観は「市民としての子ども」の形成であり，何よりも子どものちからによる教育環境―社会の変革に主眼がおかれていた。「新しい中学校の手引き」（文部省）によれば「学校が地域に奉仕する」と述べているところに示されている[13]。ここでは福祉とは満たされない要求＝福祉ニードをもつ対象への働きかけをさすというより，奉仕活動への一方的な同一行動が強調され，学校を含む地域と福祉教育との切り結びのなかで，公共の福祉への奉仕者としての資質が先行する。しかしながら，自らも含めた社会環境を整えることと「学校と地域のきずな」として，地域福祉教育の展開がその基礎になっていたと考えられている。

(2) 生活指導実践の総括視点から

　生活指導における福祉的機能はより構造的な問題をはらんでいる。この論争の一連の議論の展開にかかわって，戦後生活指導研究者の宮坂哲文は，留岡への批判として「現場の実践家と批評家，学者とのはるかな距離に対する悲しみ」[14]と述べ，民衆知と学問知との対立を実践家と研究者との対立から論じている。ここでいうならば二つの知の関係から民衆知のもつ人間的要求に踏み込むべきであったと思われる。しかし，最後に「実践者の側からの，いわば下からの生活教育と，教育政策論的ないわば上からの生活教育との組織的結合や，理論と実践の相即的な発展を可能とする生活教育というものは，戦後の教育史のなか

ではじめて辿られることとなったといえよう」(15)と総括を加えている。

　これは生活指導が人間の「最低限度を保障されざる生活の種々の原因」に着目したうえでの社会変革をめざす際，敗戦後の社会情勢（社会事業や児童福祉施策を含めて）へのテーマの立て方による。戦前の生活指導実践の展開のなかで，この「最低限度を保障されざる生活」への理解は当時の国家統制による学校の組織化に取り込まれることによって成しえなかった。綴方教育のなかで「意識づくり」論として成り得た生活指導の存在に正当性を付与した。このことについて，竹内常一は，「宮坂は，生活綴方の生活指導の内実を自由意志ないしは人間的要求にもとづく社会改造とみなし，この文脈において生活訓練，集団教育をとらえることによって，それらを急進的な教育による社会改造論に組みかえようとしたのではないかと考えられる」という批判を展開する(16)。

　この批判は生命主義的な綴方と生活訓練を結合する際に留岡のいう「上からの生活教育」（制度知による生活向上）と生活綴方人たちがいった「下からの生活教育」（民衆知による生活向上）とをつなぎ合わせるという課題を掘り起こしていることになる。このことは戦後生活指導運動史の総括をめぐる問題点を示唆している。「上から」と「下から」の問題を乗り越える論議として，生活指導と福祉教育とはこの総括に迫るものだといえる。生活指導実践内部の方法論的志向と公的な保障や制度に対して民衆による自治をもとに生活改変への方法論的志向を分離して考えることによって生まれてきた問題であったといえる。

　また，竹内の批判は，綴方教育のもつ子どもの思いや感情を主意的に捉える事による弊害をさすものであり，子どもたちの地域での生活福祉問題を社会科学的視点への展開の筋道において一定の限定した視野から解明することが宮坂においては不十分であったことに対応している。今日的にいえば，行政がかかえる課題やひずみを批判するだけでなく，実践に内在する課題を行政のなかに読み取りながら相互の変化を追求する研究方法やつながりを追求する研究の必要性である。これは今日的にも引き継ぐ課題である。

2 学校における福祉的機能の形成と生活指導概念
(1) 子どもの発達支援と生活指導

　先に述べてきたように，日本の学校教育制度が歴史的に「保護」概念を内部に取り込んできた背景からみて，就学義務規定と教育環境条件の整備としての福祉が存在してきた。学校関係者にとって，生活保護，準要保護家庭への給付支給の生活保護実務の書類提出機関ないしその裁量機関としての学校でしかない。こうした手続きは学級担任ではなく学校事務職の関与する事項に止められている。

　生活保護法第32条には「教育扶助は，金銭給付によって行うものとする。（中略）必要があるときは，現物給付によって行うことができる」とあり，教育扶助のための保護金品は子どもの通学する学校長に対して交付される。現行の生活保護法にあたるまでもなく保護とは生活の質そのものを援助することにはなっていない。生活保護による生活の質の向上と子どもの発達支援との関係がつながっていない。

　戦後生活指導実践と社会福祉との関係は，学校を通した社会統制あるいは社会技術を最低限度の保障による生活なのか，それとも最善の権利保障による生活なのか。さらに教育政策論によるいわば上からの生活教育なのか，それとも社会的実践による下からの生活教育なのかを問うものであった。

　そもそも戦後新教育における「ガイダンス（guidance）」概念において，渾然とした教育，福祉，医療，保健の領域的な複合性が見られたものの，すでに子ども理解とアプローチの分断があった。そこでは社会に対する個人の適応なのか，それとも個人による自治的社会変革主体なのかが問われてきた。ゆえに，生活指導概念について，今日，以下のように定義されるに至っている。

　　「生活指導とは，子ども一人ひとりの人格的自立をはげますような生活と学習の民主的な共同化をすすめることをつうじて，既存の教育の共同化のあり方を問いかえし，学校・学級を改革していくことと同時に，地域に子どもたちの新しい共同生活をつくりだしていく教育運動的な活動である。」[17]

　このように，もとより地域に，子どもたちによる生活集団を築いていくこと

が目途とされている。

　そして地域における生活指導論として、「生活指導とは、専門家やボランティアが、人々の生活に参加し、彼らと共によりよい生活をつくりだすことを通じて、ともどもにその生き方を問い返し、それをより価値あるものに高めていくと同時に、相互の間に、民主的でかつ人間的な関係をつくりあげていく営みである」(18) と意味づけがなされてきた。

　子どもの学びと自治を育て、家族の貧困や子どもの不適切な生活環境の改善、学習や学校生活を通して夢や希望、友情の形成に務めてきている。生活指導とは、子どもと教師、子どもと大人の間にいかなる関係を生み出すのか。その関係を問い直しながら、子ども・青年の自己認識や他者認識、社会認識を育てたかめていく方法論的機能である。

(2) 生活指導教師の姿に学ぶ

　戦前・戦後にかけて生活綴方教育の教師たちは、貧困や地域の荒廃などを子どもの「生活台」に即して感情や認識面から解放していく「意識づくり」論として生活指導の基盤を創り出してきた。さらに、子どもの地域での生活福祉問題について社会科学的視点から展開するものとして「集団づくり」論が民主的教育の立場から提起された。それが全生研運動である。そのなかで服部潔 (19) は、1980年代半ば、子ども・家庭への介入・保護について次のように述べている。

　他県から夜逃げ同然で引っ越してきた家族で、事業に失敗した父親に交通事故（加害）が加わり警察に収監、そのショックによる母親の精神的疲労が、小学校3年生の登校拒否につながった。服部は教育相談の担当として、父親との面会の許可申請と生活苦による母子の救済が優先事項であると判断し、地域の医療機関のソーシャルワーカーに相談し、迅速な対応を創り出している。「わたしたちはいつも子どもの生活指導をしていますから、大人の生活指導には慣れていません。しかし、おとなの生活指導にも習熟する必要があるな、とその時思ったものでした」と述べている。数日後、父親は自宅に戻り、母親と子どもへの家庭訪問を通して、子どもの登校拒否もなくなった。この家族が地域で

孤立していることを知り,「子どもが登校拒否を起こしたので, 担任が悩み, 事件を知ることとなって, 問題が解決されました」とあるように, 教師が動くことと地域の住民が動くことの連動について今後の課題を浮き彫りにしている。

　生徒指導と生活指導の社会的機能や目的に差異があったにせよ, 関係機関との結びつきをもつ教師は多い。こうした姿からみると生活指導教師は, 日本版の学校福祉, 次章で論じるようなソーシャルワーカーの機能を部分的にであれ兼ね備えているといえる。

　ただ, その機能がある特定個人の教師の立ち振る舞いのレベルにとどまっていたり, 学校の一部の教師に行動や権限が偏っているという状況が少なからずあった。しかも学校と連携機関のつながりが一方通行となり, 互いが連携機関ではなく単なる子どもの居場所の「措置変更機関」となったり, 学校がそこに子どもを送り出す実務機関にあまんじてしまったり,「事情聴取の対象」になっているというのも現実である。それに加えて, こうした子どもの生活や学習の場を分離分割することを強化するだけで, 社会復帰といわれるような社会への統合の部分が曖昧となる。それゆえに受け皿となる地域の教育力の高まりはいうまでもない。つながりをもつことの大切さだけでなく, つながることだけでは解決できない事柄への科学的な視野が問われる。いじめや不登校が主訴であったとしても, 子ども本人や保護者の知的障害や精神病理の用件が付帯する場合に社会福祉事務所が関与するというケースが多い。子どもの声ではなく, 行為行動の現象で「問題行動」として判断されやすい状況にあっては, 学校という専門機関の役割の自覚的な広がりが不可欠である。

　学校, 学級を子どもの居場所にするための生活指導実践がもつ課題は, たとえばいじめ問題を取り上げても, いじめが明らかに暴力の行使という誤った人間関係であるということを学習する場をいかにつくりあげるのか, しかもそれを学級という関係性にとどまらず, 生活全般に拡張するのか。教師の家庭訪問活動が近年, 学校での「教育相談」として縮小の傾向にある。こうした現代の教師の多忙化を生み出している教育政策の誤りは端的に子どもの変調の姿となってあらわれている。

(2) 地域生活指導概念と相互自立

　人と人との関係性を民主的な生活共同からつむぎだす過程において，地域の存在をどう再評価するのか。学校での人々の共同化，地域での人々の共同化など共同はすべてにおいてその特徴と意味があり同じではない。学校教育を基盤に構想する生活指導と地域を基盤とする生活指導においても単なるアナロジーではない。

　1980年代半ばに提起された地域生活指導の概念をめぐり整理すると，「地域の現実に働きかける人々の関係性・指向性・発展性および自己形成を包括する概念」[20]である。地域生活指導の目的は地域生活の改変にたずさわるさまざまな援助専門職の取り組みのなかに生活指導的機能があることを明らかにしながら，それらのなかに共通する課題と生活変革の方法を検討するものである。

　現在の生活指導研究における地域生活指導の意味は，援助専門職の行政的職務や責務を越えてボランタリーな行為のなかに多くがある。そこに専門職ではない人々のボランタリーと協同連帯する架け橋をつくる社会実践がある。生活指導におけるボランタリズムの位置はいずれの専門職分野領域においても共通である。そして相互自立の援助をめぐる専門性の中核ともなる。

(3) 学校における「福祉的機能」の再生にかかわって

　以上のことから最後に，地域生活指導概念と切り結んだ「学校の福祉的機能」の発展について以下のようにおさえておきたい。

　第一に，大人，子ども，青年をとりまく生活破壊の進行に抗して人間としての生存条件（生存権）の保障と確立をねらいとすること。

　第二に，学校が子ども・青年の生活の場（居場所）として成り立ちうること。

　第三に，生活環境・生活条件の保障と人格形成の弁証法的統一の観点にたった福祉。

　第四に，学校の生活指導を地域福祉と結びつけて発展させていく展望をもつこと。

これらは学校における福祉が教育目的に従属した福祉であったり，教育的な福祉であっても教科授業に従属した福祉ではないことが前提になる。子ども・青年をめぐる「反福祉的状況」に対して彼ら彼女らの福祉を学校として配慮する立場性が希薄ななかで，とりわけ生活福祉については，養護・養育を主たる目的とする機関に委ねる傾向があり，家庭や地域社会が負う任務であると考えられる場合が少なくない。しかしながら学校が子どもの生活福祉の場となることを免除されるものではない。近代学校の成り立ちをさかのぼるまでもなく，また，今日の家庭や地域社会の教育要求に照らし合わせるまでもなく，学校は地域住民の協同の関心によって形成された機関（センター）であることを軸に学校教育の再編が必要となる。
【鈴木　庸裕】

注
（1）　土井洋一「〈教育〉と社会福祉の間」中内敏夫他編『教育－誕生と終焉』藤原書店，1990年，52-53頁を参照されたい。
（2）　城丸章夫「学校とは何か」『教育』国土社，1973年，7頁
（3）　同上，8頁。
（4）　城丸章夫「現代日本教育論」『城丸章夫著作集』第1巻，青木書店，1992年，41頁（初出1959年）。
（5）　城丸章夫『集団主義と教科外活動』明治図書，1962年（『城丸章夫著作集』第5巻，青木書店，1993年，17頁所収）。
（6）　児童福祉法の改訂にかかわって「児童福祉」を児童家庭支援に転換する内容が盛り込まれている。
（7）　全国社会福祉協議会編『学校における福祉教育ハンドブック』1995年，3-4頁。なお，これが示す目的は以下のとおりであり，すでに存在する福祉理念や福祉的社会資源への適応とそこで必要な実践力や能力にとどまっている。

> ①　憲法で規定された基本的人権を現実のものとするために，人権感覚および福祉意識を開発すること。
> ②　社会福祉問題の学習を通じて，それらを自らの課題および住民共通の課題として認識すること。
> ③　現行の社会福祉制度，活動の関心と理解を高め，それを活用する主体として福祉問題を解決する実践力を身につけること。
> ④　以上の実践を通じて，自らの人間形成と，共に生きる力を養う。

> ⑤ 子どもから高齢者および障害者まで，すべての人々が出会いとふれあい体験を通じて，他者の立場や心情を思いやり，互いに支え会う心や態度を養うこと。
> ⑥ 福祉問題を抱えた人々とのかかわりのなかで，社会福祉の理念，制度，施策の現状と問題点を学ぶとともに，福祉向上に寄与する実践力を育てること。
> ⑦ 地域社会において家庭，学校，地域の連携のもと組織的，計画的，継続的に福祉活動を実践し，共に生きる福祉社会の形成主体となるように援助すること。

　そもそも，福祉教育とは，『社会福祉実践基本用語辞典』（川島書店，1993年）によれば，「児童生徒および一般市民や，社会福祉の専門職員になることをめざして学ぶ人びとを対象として，世界人権宣言第25条や日本国憲法第25条に規定されている基本的人権が保障される社会を形成していくために，現実のさまざまな社会福祉問題にふれつつ，社会福祉制度や各種の社会資源を活用して，問題解決をはかる実践的能力を身につけることをめざして行なわれる意図的な働きかけをいう」（同書，138頁）。

（8）留岡清男「酪聯と酪農義塾」『教育』5-10，岩波書店，1937年10月，60頁。
（9）同上。
（10）同上。
（11）中野光『佐々木昂著作集』。
（12）日本読書刊行会『生活学校』1947年5月号，12-16頁。
（13）文部省『新しい中学校の手引き』1951年，295頁。
（14）宮坂哲文「生活教育の系譜」篭山京編『生活教育』国土社，1956年，33頁。
（15）同上。
（16）竹内常一『生活指導の理論』明治図書，1969年，139頁。
（17）全生研常任委員会『新版学級集団づくり入門・小学校編』明治図書，1990年，30-34頁。
（18）竹内常一『学校ってなあに』青木書店，1993年，17頁。
（19）服部潔「地域生活指導運動とどうかかわるか」『生活指導』№345，明治図書，1985年，2-24頁。
（20）折出健二『人間自立の生活指導学』剄草書房，1993年，45-48頁。

第7章　学校教育におけるソーシャルワークの創出

　日本では，学校制度ならびに学校を基盤とした社会福祉実践の未確立を背景に，学校ソーシャルワークが教育現場に，固有な社会技術やソーシャルサポート，ソーシャルサービスのシステムとして定着してきた経緯はない。しかし，その必要性は，いじめ問題や不登校・登校拒否，非行，あるいは多問題家族や児童虐待が認められる家庭への介入など，子ども・青年に対する養育者や社会環境からの不適切なかかわりへの対処，そして学校と地域・家庭との共同（リエゾン）の閉塞状況の克服などからみても明らかである。また，教育問題のさまざまな社会的文脈からそこでの専門性や人材が「切に望まれている」といわれて40年近くが経過する[1]。長い間，意識ある教師（集団）や児童福祉・司法福祉関係者，訪問相談関係者の個人的努力[2]ないし非継続的でケースバイケースという対応（措置）にとどまってきた領域でもある。

　ところが，子ども・青年を対象とするソーシャルサポート（サービス）の行為主体は，学校の教師はもとより，スクールカウンセラー，学校（巡回）アドバイザー，児童・家庭支援施設の職員，児童相談所の児童福祉司，家庭裁判所調査官，保護司，ケースワーカー（社会福祉事務所），地域保健師，医師（学校医を含む），弁護士，民生委員・主任児童委員，そしてPTAや地域の健全育成団体関係者に至るまで，その担い手と見なされる人々は，ボランティアを含めるとその実際は幅広い。こうした人々がそれぞれに仲裁や意見，声かけ，励まし，助言などのタイプから診断，調査・報告，コーディネートあるいはコンサルテーションまでの役割を，たとえ未熟で未組織的でかつ部分的であれ展開しているのが現状である。

　そこで，学校教育を基盤とするこうした機能の未発状態の要因を問いながら，

学校ソーシャルワークの日本的な創出の必要性，そしてそれに伴う教師教育（教員養成）での基本的な課題について述べる。

第1節 「事実としての福祉」への接近

1　学校における生活の質を問う

　子どもたちにとって安全で安心できる生活の質（quality of life）を学校がいかに保障していくのか。これは学校ソーシャルワークの視点として最も優先される問題である。子どもたちの文化的で健康な人間的生活の実現は，自助努力や「自己責任」であったり外部からの恩恵・慈善（Welfare）ではなく，人々の自由と平等，共同・連帯，人権尊重，自己実現（Well-being）を価値として含みこんだ社会的営みである。その際に学校・教師がこの営みにどう関与し，いかなる達成方策をもちうるのか。これは，慈恵的社会福祉の「生活の質」観に付着していた技術（訓練）主義や経済的給付主義を克服する視点と響きあう課題である。このことを学校ソーシャルワークの役割と課題として強調するならば，学校教育が「子ども・家庭福祉」にいかに責任を負うのかという問題である。これまでにもそのアウトリーチ（気づき）は，学校給食を通した身体発達や食環境への認識転換といった生活福祉[3]などから着目されてきた。しかし，福祉的視点を要保護家庭への教育費徴収免除という局面（生活困難への給付的代替的な福祉）からしかイメージできない点を払拭（偏見を含む）すること，同時に「子どもの側に立つ」という名の態度主義を見直すことが迫られている。

　子どもの学業不振，怠学，長期欠席，薬物乱用，家庭の経済的貧困，養育者の無気力，放任，児童虐待，家族危機を「事柄」としてみるのではなく，そうした事柄の背景にある現実，つまり人と人（人と社会資源や生きがい）との関係が切れることによって発生している点，そして他者の援助が必要になるということが他方でそれまでの人間関係を断ち切ること（学級集団から離れた個別指導や子どもの一時保護など）であり，さらなるストレスと疎外感が高まる点など，ここに「事実としての福祉」の背景がある。

2　反福祉的状況としてのいじめ・暴力・虐待問題

　また，いじめ・暴力・虐待などにみられる高密な葛藤や攻撃性，孤立の状態とその克服の困難さは，今日の子ども社会をめぐる福祉環境の不在（社会福祉関係者のなかで「反福祉的状況」と呼ばれてきたこと）の象徴である。ではいかなる理由から「事実としての福祉」が反福祉的状況の対象となるのか。

　いじめ克服の問題でいうと，問題解決にかかわる教師や大人の力量そのもののほかに，その力量を形成する際，大人としての権威性や「自分の（学級の）子どもだから」という「抱え込み型」の保護観がある。またいじめはなくすものという「撲滅」論のように，これは子ども社会に顕在化する誤った対人関係状態からあるべき対人関係の構築にたどりつくための学習プロセスそのものを奪い去ることになる。「喧嘩両成敗」論は人間関係の摩擦や葛藤を隠蔽する対処法であり，「いじめられる側にも問題がある」という意識を放置する結果となる。同時にいじめる側の教育的なケアやニーズ追求を弱めてしまう。何を問題の事実とするのかが権威をもつ側の尺度，つまり「危機管理」的発想によって揺り動かされてきた点に大きな要因がある。

　また，児童虐待防止を例にとると，専門家と当事者，専門家と専門家それぞれの連携の質とチームワークに問題の所在がある。登校拒否・不登校について，1960年代は「良い子の息切れ」や学力の高い子どものスクールフォビアとして問題化され，1970年代は集団や仲間に入れない子どもや低学力の子ども，身体症状や心身的葛藤で悩む子ども，1980年代は養護・養育不全や児童虐待を背景とするという問題視のように，年代によって推移がある。それは問題事象の数量的推移よりも対象理解を行う人々の，子どもの生活の質に対する理解の深まりと早期発見や対処のチームワークの質的転換に起因している。教師を含めて専門家相互に共有しうる概念や子ども観，家族観の交流と情報交換のあり様によって福祉的機能が意識化されてきた。

　このように大人の子ども理解やそのために必要な行為（アクションリサーチ）の不十分さが反福祉的状況を温存してきたといえる。

第2節　教育と福祉の「谷間」論の克服

1　「谷間」論の検討

　しかし，事実としての福祉に接近するうえで，学校における福祉的機能の未発にはより大きな要因がある。

　教育と福祉の結合が社会的課題として取り上げられてきた歴史的画期（エポック）に共通するのは，急激な社会変化による子ども・青年の生存権と学習権の危機的状況である。近代学校成立期には過酷な若年就労や未就学の問題，敗戦期には戦災孤児の保護や生活の困窮・貧困，高度成長期には子どもをめぐる地域破壊と生活破壊，低成長期にはいってからは受験競争の激化による学習・文化の商品化，そして今日，次元は異なるが教育・福祉への受益者負担型ライフスタイルの励行，福祉国家の転換による教育・福祉のリストラ問題などがある。それぞれの時期の発端的問題はいずれも重複ないし未克服のまま現在に至っており，かつ，決して直線的ではない。その際，子ども・青年の保護と子ども観の把握に関し，関係者の相互理解や子どもの権利の相互保障をめぐる仕組みの未確立は，教育と福祉をめぐる行財政的要因によって一層促進され，両者の内発的な結合努力も十分に総括されないままになってきた。そのため，教育と福祉の「谷間」論は制度改革の部分に焦点づけられてきた。戦前では城戸幡太郎や篭山京，留岡清男らによる「生活教育」論[4]，戦後では小川利夫らによる「教育福祉」[5]論などである。

　しかしながら，教育と福祉をつなぐ問題史的研究からみて，こうした人間生活の普遍的な価値の追求と子ども・青年への福祉的諸サービスの学校統合論には，人権学習としてのカリキュラムや学習と発達の権利のあり方に関する市民的スキル形成への問題提起が具体的に示されていなかった。つまり「谷間」をつなぐ実践的機能や方法技術は今日なお空洞化している。

2 実践的概念への転換

　その意味で，学校ソーシャルワークの追求は，教育と福祉をつなぐその結節点の実践的解明に関する空白をどう埋めるのかという作業と重なる。そして，教育と福祉の戦前から続く行政主導かつ縦割体制の課題を克服する実践化のための概念であり，仮説的にいえば，学校教育から子どもや家庭に関する福祉的事項が一つひとつ離れていくことによって，一元的能力主義が際限なく進行してきたといえる。教育における福祉の対象把握の問題点，つまり「福祉は教育の限界を補完するもの」という捉え方への批判と，他方で社会福祉領域における教育課題に応える実践的技術的蓄積の乏しさも指摘せざるをえない。

　また，日本の学校における福祉教育（学校社会事業の提起）の歴史から本研究とのかかわりでいうと，学校ソーシャルワークと福祉教育の結合という学校を基盤とした社会福祉事業（中央共同募金会の活動など）が教育学者によって批判的であれ正面から扱われていないことなどにも課題がある。教育実践において，何が中心的な役割なのかが明確にされないままに「教育と福祉」の活動や職務の範囲だけが拡大している点を明らかにしていかねばならない。

　そのなかで，たとえば，学校教育での社会福祉的教養や障害児者理解教育などを通じた人権教育の結実は，福祉や人権を徳目や教授―学習過程に埋め込んできた学習論の転換（学校知から生活知への転換）を通じて，学校ソーシャルワークを目的や説明の概念から実践や方法の概念へと飛躍させる糸口になると考える。このことは，障害児者施設や児童福祉施設が近隣の学校と結びつくことにより，施設固有のホスピタリズムや専門性なるがゆえの分離主義を見直す契機にもなり，そこでの子ども・青年の自立・成長の社会的支援や資源をよりいっそう呼び込むことになる。決して予定調和的ではないが，今，「学校を拓く」という論理には，子ども・青年をめぐる学校外の福祉や社会サービスを整備・充実する可能性をはらんでいる。

3　教育における福祉的機能と地域

　「教育における現代の貧困問題」[6]を乗り越えていくうえで，学校の福祉

的機能の目的，方法，内容等を深めていくためにまだまだ多くの課題がある。城丸章夫が指摘するように，この機能は今を生きる子ども・青年の幸福と将来の生き方を見通した幸福とを追求する公的な子ども・青年への保護機能だからである[7]。この機能には，およそ次の三つの側面がある。

　第一は学校教育の基盤として，子どもの就学条件や教育環境条件を整備すること，第二に学校や教師の教育活動のすべての過程において，子どものみならず，教師や父母の権利を保障すること，第三に，子どもを福祉の対象であるとともに，福祉を権利として要求し行使する主体形成へと育てていくことである。とくに三つ目の機能は，人権としての福祉を基礎にすることから，学校内外のさまざまな反福祉的状況に子どもたちが働きかけてつくりかえていくための援助・指導を不可欠とする。同時に子どもたちが反福祉的状況に働きかける自由の保障も重要になる。

　しかし，いじめや不登校など学校病理といわれる状況は，学校内部の福祉的機能の衰退に呼応するばかりでなく，地域の教育力がもつ生活福祉的側面の衰退や地域における子育て文化の一拠点であった学校が地域・家庭から乖離することによって生じている。こうした危うさのなかで，学校や教師は学校と地域の間の福祉的営み，つまり子どもの保護・養育に困難を抱える家庭への援助・協力，司法・福祉・医療等の機関・専門家との連携にコミットする個人的組織的力量とこのことを保障する教育行政への働きかけをも含めてみずからのあり方を問い直さねばならない。子ども・青年の学習，生活，遊びを通じて芽生えてくる人間理解や自己理解の総体を，地域協同や国民的協同の要求と結びつけて考えていきながら，行財政の課題の顕在化のみならず，そこにある方法内容論の課題を解いていく必要がある。

　ではこうした課題を学校ソーシャルワークについて歴史をもつアメリカの動向を概説的に追いながら考えてみたい。

第3節　アメリカにおける学校ソーシャルワークの歴史と現状から

1　訪問教師活動から個別サポート活動へ

　学校ソーシャルワークは時期的にガイダンス論やカウンセリング論の発端と密接な関係をもちつつ発展してきた経緯がある。1906～1907年にかけて，ニューヨーク，ボストン，ハートフォード（コネチカット州）の三つの市でほぼ同時に始まった[8]。そこでは，長欠児童対策や怠学児童・非行児童への予防と矯正の方法として採用された。地域における個人的な市民組織として展開され，「Visiting teacher」「Home and school counselor」と呼ばれ，当時の多くの社会事業活動と時期を同じくするものであった。

　その後，1910～20年代にかけて教育予算化の対象となり，1913年，ニューヨーク州のローチェスター市で公立学校の運営（教育委員会の財政的基盤をもつ）に組み込まれ，1920年代初頭にかけてアメリカ東部や中西部の範囲に拡大した（1920年に全米30カ所でモデル事業として試験的実施）。この年代はいわゆる「SSWの実験的時代」[9]であり，訪問教師協会の1921年の実際的活動をみると，このサービスの起こりは「出席義務法」の成立，児童労働を通した子どもの生活搾取の予防，学齢期の子どものニーズやケアへの対応を柱として，子どもの学習能力の向上に影響を及ぼす内因と外因に関心をもつ教師支援の役割が自覚されていった。

　その一方で，この年代には少年非行が深刻な社会問題として国民に認識され，教育が少年非行を防止する手段として考えられた。しかし，地方教育委員会や訪問教師協会は家庭・地域と学校とをつなぐソーシャルワーカーを，連邦基金の設立により都市や農村にかかわらず設置する義務が負わされ，量的拡大に伴うワークの質的転換が迫られた。そのときに，学校ソーシャルワーク実践の範囲に影響を与えたのが精神衛生運動である。精神的あるいは行動面に問題をもつ子ども・青年の診断や処置など，学校生活での行動や学業に対する情緒面での異常性を理解することに焦点化する動きが強くなった。1930年代に，学校

ソーシャルワーク制度を立法化したのは31州を越え，244名の専門のワーカーが従事したが，経済不況時代を迎えて教育予算が削減され，それに伴い学校ソーシャルワーク事業も大きく縮小し，この教育的サービスを受けること自身が生徒個人や家庭の社会的依存を促す一形態とみられるような偏見を生み出した(10)。

戦後の混乱期，アメリカ社会の変容は子ども・青年にも深い影響を与え，家族基盤のゆらぎやエスニック集団の分化が子ども社会にも社会的文化的，経済的分化をもち込み，薬物，アルコール，自殺，暴力的犯罪の混乱など深刻な問題に対応する学校ソーシャルワークの新しい手法開発の必要性が高まった。1940〜60年代前半は家族への基本的生活プログラムを提供するものが増加し，この営みが学校システムの必須部分となりはじめた。ところが学校と地域・家庭との没交渉状況といった悪条件も一方で加速し，個別問題解決型の医療モデルを無自覚に押し広げる結果となった。社会的偏見を取り去る努力を主体的に行い，誤った社会関係調整から子どもたちを解放する「初期の，学校と地域社会の環境と社会変革への視点は，個々の子どもの個人的なニーズに焦点を当てる臨床的な方向へと完全に移った」(11)といわれたもこの時期である。

2　学校福祉サービスの広がりから市民的人権の形成へ

1960年の「Social work year book」によれば，学校ソーシャルサービスという用語がみられる。ここでは，社会的情緒的問題のために学校生活や学業を妨げられている子どもの要求を充足するうえで教育機関のなかで行うサービスとして，精神医学サービス，心理学的サービス，学校出席督励サービス，就職相談，学校ソーシャルワークの五つの内容を示している。このサービスの1部門として，この時期にソーシャルワーク実践技術の改善整備が一定の成果と完成をみたことになる(12)。これに影響を与えたのは，学校を社会システムの媒介と理解し，地域そのものを変えようとする教師集団との連帯と協同である。生徒や親の個別ケースにかかりっきりになる医療モデルの台頭により，学校システムの変化に必要なホールスクールポリシーづくりとリーダーシップの形成

に失敗したという反省から，人種差別や生徒の人権問題を学校と地域との複雑な関係のなかで解き明かす面に勢力が注がれるようになった。

　1970年代になると，人種を問わずすべての子ども・青年が教育を受ける権利をもっているという考えのもと，裁判所関係者もこの考え方を支持し，児童の身体的，社会的，知識的，情緒的能力や生活状況によって差別があってはならず，誰もが適切な教育を受け個別的ニードを充足する必要があるという認識が広がった。学校ソーシャルワークはこの考え方を具体化する有効な手段として期待されはじめた。その背景には1960年以降相次いで施行された初等中等教育法（1960年，1965年改正）や1972年に議会を通過した緊急学校援助法がある。これを人材的に安価に補完するものとみなされる部分はあったが，この時期，市民権法と関連し差別撤廃計画と連動した。

　その流れは，1980年代にはいってからの特別な教育的ニーズへの関心（大きなインパクトは1975年の「障害児教育法」）であり，地方教育機関に対してすべての障害児に適切な教育を提供することを課すうえで，障害児のニード調査や教育計画の樹立，保護者に対する援助に大切な役割を果すようになり，障害児教育法改正 PL9-457で，ハンディをもつ子ども・青年の教育的ニーズに対応する実践的蓄積が，同時に通常学校でのハイリスクの子どもたちへの予防的介入の幅を充実させることになった[13]。

3　学校ソーシャルワークの機能

　ここで現在の様子をNASW（全米ソーシャルワーカー協会，このなかに学校ソーシャルワーカーの組織が統合されており，現在その数は1万2000人といわれる）の倫理綱領からみてみる。本協会の「ソーシャルワーク実務基準および業務方針」の，学校ソーシャルワークサービス基準「適正及専門的実践基準」のうち，特筆すべきところをあげると，以下の点がある[14]。

> 基準3：学校ソーシャルワーカーは，教育機関の目標および任務を指示するような訓練および教育プログラムを開発し提供しなければならない。

> 基準9：学校ソーシャルワーカーは，システムを変える行為者として地方教育局およびコミュニティによって提示されていないニーズの領域を確認し，また，それらのサービスを査定しなければならない。
> 基準13：学校ソーシャルワーカーは，児童および家族に正規または非公式なコミュニティ資源を利用できる能力をつけさせなければならない。
> 基準15：学校ソーシャルワーカーは，児童の教育問題の解決のために調停および対立解決策の訓練を受け活用しなければならない。

　基準3のように，学校における環境整備として学校の運営や経営方針に影響を及ぼし，学校，子ども，家庭の価値観の相違や類似を理解し，子どもや保護者の代弁者，擁護者の役割を果たすことを明記している。基準13のように地域社会のレベルにおいても地域社会機関の職員に子どもや家庭の様子に対して理解を促す役割をもつ。また，基準9や基準15では政策への異議申し立てといった行政施策への力の行使とそのための個別的訓練があげられている。とりわけ，教育的決定に関するコンフリクトの調停がその特徴といえる。子どもたちの就学，停学，規則，能力別学級編成や，障害児教育法PL94-142での個別教育計画のカンファレンスを通したアセスメントや就学決定過程での実際的なかかわりに学校ソーシャルワーカーの機能が注目される。こうした役割の変化は，1980年代から生徒の権利や文化的多様性への焦点化と，学校・地域・家庭のパートナーシップ，プログラムやサービス，保護者への情報やメンタルヘルスの提供となって顕在化した。

　以上のように，アメリカでの学校ソーシャルワークの現況は，1980年代初頭から社会福祉実践の領域において一定の躍進を果たし，同時に社会実践者の専門家としてのアイデンティティの転換も図られてきた。公立学校において「問題児」とされる子どもたちの急増，そして社会的経済的困難をかかえる家族のニーズとそこでのサービスの形態や数量の変化にも呼応しながら，大きくは学校と地域，家庭をつなぐ教師と専門家や地域とのコーディネーターとされてきた。その多くは学区に直接雇用され，公立学校のシステムの中で教育制度の主

要な使命の向上を目的とし，とくにハイリスクの児童・生徒への予防的介入とその背景にある子ども集団や社会集団を確認し，問題の発生に関与する社会的経済的要因に介入し，学校を基盤としたサービスと地域を基盤としたサービスの隙間を埋める働きや，ケアマネジメント，リハビリテーション機能に重点をおいている。

第4節　エンパワメントとアドボカシーの機能

1　エンパワメントの機能

　実は，アメリカのこうしたソーシャルワークの目的，方法，内容を支えてきた柱はエンパワメント（empowerment）とアドボカシー（advocacy）の機能である。このエンパワメントとアドボカシーとの関係は結論からいって，共同・ネットワークを前提とし，学校，教師，専門家相互などの共同化のあり方と質が両者の関係性をさらに規定する。

　エンパワメントとは「パワーを付与すること」と訳出され多義にわたる言葉である。エンパワメント概念について，J. フリードマンはラテンアメリカやアジアの開発協力やボランティアの展開を省察するなかで「極めて特定した意味で使っている」とし，社会的，政治的，心理的エンパワメントの形態をあげている[15]。近年，NGO・社会開発やソーシャルワーク実践，コミュニティ心理学，ジェンダー論，レイシズム，障害者福祉（リハビリテーション・自立生活支援）などの諸研究において，たとえば政治的な文脈では「権利」と「パワー」の関係把握，臨床あるいは心理的な領域は「共依存」の問題，また社会・生活文化論の視点からいえば家父長制の捉え直しと結びついて展開されている。いずれも援助者のかかわりが被援助者本位になっているのかという批判的検討作業を含みこんだ概念である。

　そのなかで，B. ソロモンは黒人問題にかかわって次のように指摘している。
　「エンパワメントはスティグマ化されている集団の構成メンバーであることにもとづいて加えられた否定的な評価によって引き起こされたパワーレス

状態を減らしていくことを目的とし，当事者もしくは当事者を擁護するシステムに対応する一連の諸活動に専門職が関わっていく過程である。」[16]

　これは地域社会におけるエンパワメントアプローチの根拠を示している点で重要である。つまり，自尊感情の弱さや能力のなさが個人的な問題であるような把握に陥るのは，エンパワメントの社会的人的資源のマネジメント（管理）を他者に任せてしまうところに起因する。高齢者福祉によくみられるように，その福祉施策が専門職や機関のパワー独占によって逆に高齢者の無力化を押しすすめていることと同様である。

　子ども・青年の自立において，援助者は当事者たちが自分の問題の解決を達成していくときに，自分が主人公であることをみずから認めていくように援助し，子どもの立場から活用できる知識や技術を働きかける側の大人がもっていることを認めてくれるように働きかけていく。そして，問題解決の努力をしていくときに援助者とともにチームワークをもつ協力者もパートナーであることを子ども・青年が認め，彼らにとっての抑圧的な制度やシステムの影響を減らしていくように働きかけていることを子ども・青年自身が理解し認めていくように援助していくこと。これらは「共同決定」の意味をもち，エンパワメントが個人の自己決定と参加とを結びつけそれを一体となす共同決定の存在を浮き彫りにする。言い換えれば，人と人とのつながりのなかにエンパワーがあり，エンパワメント実践が援助者と当事者との共同活動となる由縁である。

　しかし，ここで重要なのは，国家が国民の社会福祉水準を切り下げる政策を推進していく基盤整備として，国民は自分たち自身で力をもち常に自ら生活に蓄えていく力を付けるという「自己責任論」のメッセージに取り込まれないための細心の注意である。この問題は，学校カウンセラーが学校における心の問題を専門領域として制度的に「問題の個体化」[17]を促し教育現場から切り離し，心の問題克服の学校改革的アプローチを弱めている状況と少なからずつながっている。援助を求める当事者の意向や意志を正しくくみ取りながら，ほかの教師や保護者と協同でいかにケアプランの策定を進めるのかがこの場合の論点となる。そしてある子ども・青年や家庭の私事的な問題とされているものを社会

的政治的な文脈から読み取り明示化していくことが大切になる。

　他方で，エンパワメントを意識する教育活動において，その限定性についても明らかにせねばならない。つまり，教師や専門家だけが所有する特定のスキルを用いて行う解決策を提示して，そのことで専門性が維持されるような場合，当事者が自分の問題を自分自身で解決していくために必要なスキルや知識資源へのアクセスを妨げ，積極的に当事者の無力化を引き起こしかねないという問題がある。学校へのソーシャルサポートにおいて，制度的な構造（学校化）が，ある集団をエンパワーする立場に押し上げているのであり，エンパワメントに向き合う力を弱め，根本的に人が他者をエンパワーすることそのものがもつ矛盾点を十分理解しておく必要がある。

　このように，当事者にとってのエンパワメントには，社会的な抑圧とともに，専門職によるディスエンワパメントの克服というエンパワメントの二重の意味がある。このときに，はじめて子ども・青年の自己決定への参加が本当のエンパワメントに結びつくのであり，決定参加の所在も明確になる。

2　アドボカシーの機能

　もう一つのアドボカシーとは，擁護，代弁，弁護とし，単に個人の意志を代弁するだけでなく，自分自身で権利を主張できない当事者にとって自己決定を援助するとともに，本人の自己決定にもとづいて本人にかわってその権利を擁護するためのさまざまな仕組みや活動の総称である。大別して大きくケースアドボカシー（パーソナルアドボカシー）とシステムアドボカシー（クラスアドボカシー）がある。前者は個人や家庭の権利擁護をめざして，ケースワークの範疇で押さえられてきたものであり，後者は個人よりも何らかの社会的弱者集団を対象に，その人々の訴えをときには代弁し，無視されがちな人々の訴えを施策に反映したり制度や施策の変更を通してその権利を守ろうとするものである。

　1930年代以降，治療的心理技術的なものとして専門職化を進めてきたケースワークに対してNASWの「アドボカシーに関する特別委員会」が1969年に「有害でさえある技術と方法の開発に没頭してしまった」[18]という批判を

報告書にまとめたことからもわかるように，ソーシャルアクションによる社会改良，社会的次元の解決に目が向けられたときにこのアドボカシー機能が着目された。個人的な目の前の苦悩からの救済かあるいは長期的展望に立った制度の改変による問題解決かのどちらかというものではない。そのジレンマも簡単には払拭できるものではなく統合できるものではない。

しかし，アドボカシー機能への着目は，どちらを優先させるのかではなくソーシャルワークにある運動論主義と技術論主義，治療主義と社会改良主義の分断に対して共通の準拠する枠組みを提供することになった。そして，当事者の代弁や擁護を環境による抑圧から守るという次元を越えて，個人と環境との調整ではなく，福祉的援助職とクライエントとの間の葛藤対立の克服やサービス機関の官僚主義化批判という援助支援者の側のあり方をも厳しく問うことにもなる。

アドボカシー機能の焦点は，力の再分配ともいえる援助者と他者との影響力の格差を是正し，「組織人」からの解放と中立性の原則がある。アドボカシーを治療の補助的機能とし環境と個人との緊張や葛藤を軽減することが治療を促進するというものではない。自己の権利に対する消極的な態度の原因となる孤立感，無力感に対して，アドボカシーの過程でエンパワーを取り戻し，社会的弱者としての経験の克服によりそい，その個人の権利をその人と一緒に守ろうとするものである。積極的な自己の経験を保障することに焦点づけられるものである。

したがって，アドボカシーには人権擁護よりも広い範囲で，人々の生活支援や生活ニーズの充足といった実態としての権利保障の意味づけがなされねばならない。

第5節　学校におけるソーシャルワーク機能

1　地域諸資源の組織化

学校におけるソーシャルワーク機能の日本的展開において，子ども・青年の

問題状況に対する教師主導（専門家主導）は，前述のことから，専門的で適切な援助を受けるという子どもの権利を奪い，「抱え込み」による当事者の問題解決能力獲得のパワーと権利を弱める危険性が認められる。そして頻繁に起こる対処療法的対応では，地域や地域資源と十分な関係ができず，関係ができても相手を正しく評価したりその関係を改変していくには至らない。しかも，学校内部や既存の機関など利用が容易なものや自己の能力に限定した援助手段に高い依存が生じる。

　子どもの最善の利益とは，子どもを責任ある市民として社会に送り出すうえで求められる広範な学問知識とともに，社会的価値を育て，自己価値の感覚を促した対人関係能力を育てることである。すべての地域でそれが可能となるために，学校は家庭や子どものサポートシステムを組織化するうえですぐれた点を提供する必要がある。したがって学校をさまざまな地域資源と結びつける討議の場（たとえば，学校協議会など）をつくりだし運営する能力が必要となる。

　今日，学校と地域とのネットワークといった場合，共同の「ワーク」（プロセス，学び，参加，対話，異議申し立て）を欠いたものが少なくない。また問題解決の最終的調整者が学校になり，学校教育の機能を上回る事柄は，逆に放置されたり学校内部に隠蔽されていく危険性もある。それらに対して，保護者の学校参加を通した共同化の追求が提起され，いわば「地域教育連絡協議会」づくりが行政主導でなされている。

　ただ，これは学校と地域の共同化の一部分，つまり共同化へのシステムと学校改革上の効果面への指摘にとどまり，学校と地域・家庭連携の行政的な基盤整備の枠に結びついてしまい，子どもの人権擁護や権利保障のシステムづくりと実践の部分が学習・生活環境の補完に変質してしまわないかという危惧がある。学校ソーシャルワークの機能は，学校と地域との共同化における生徒や保護者による当事者参加の根拠を明らかにする作業としても重要である。

2　アドボカシー機能とその発揮

　アドボカシーとは言い換えれば，人々が問題の対象理解や共通理解をもつた

めに必要な人間関係の構築と権利尊重のための代弁あるいは代理型本人参加である。子どもの人権に関する事柄へ地域でアクションを起こしていくには，地域のなかである問題に気づいたり直面した人が次に誰とどのように話し合えばいいのか，そのチャンネルづくりが大切になる。そこでの討議や対話の機会が人と人とをつなぎ，その部分に子どもを守る環境が生まれてくる。「どうすればあなたを救えるのか」という点で他者との信頼関係の獲得方法が模索されねばならない。

　上述したように，アドボカシーとは人権擁護概念よりも広い概念であり，ニーズの充足や生活の支援を含みうるものである。その場合，子ども・青年にとっての実体的権利と手続的権利とは区別する必要がある。権利と責任の関係について，学校では「責任を果たさないと権利はない」という考え方の転換がまず迫られるべきであり，その観点からもこの二つの権利は区別されねばならない。手続き的権利の先行は，急激な経済的システムの変化に即応できないばかりか，子どもの本当のニーズをくみ取れない。

　そのときに重要なのは，子ども・青年の「speak out の権利―聞いてもらえる権利，自分を表現する権利」の保障である。これは，たとえ結果はどうであれ，はじめて真剣にじっくりと自分の言葉を聞いてもらったこととその事実を子ども・青年が実感することにある。しかも自己を表現したあと，自らの行為を次にどう展開すればいいのか，社会や援助者からどういった対応を受けることができるのか，そのことの明示化が重要である。いじめ問題において，いじめられている子どもは自分がいじめられていることに気づいていない（気づかなくされている）場合があるが，そのことに本人が気づいて援助を求めるための教師からの質問の技法などもこのことにかかわる。

　学校集団としても，何か相談を受けたときに誰もが同様に即答できる職場づくりや合意形成は，抑圧に打ちひしがれた子ども・青年にとって大きな癒しになるだけでなく，自分に力量や自信がないと思われたくない教師（保護者，大人にもかかわる）にとって，いわば問題解決のシステムがわかっていれば遠慮なく発言や意思が表現できる。問題が起こったときに対処するための了解可能

なシステムがあること，これはシステムとしてのアドボカシーとして子ども・青年以上に教師の自信づくりにも大きな影響がある。

3　援助専門職としてのチームワーク

　チームワークの問題は，学校，教師の「抱え込み」を克服するアプローチの開発という点で緊急の課題である。ソーシャルワークのコミュニティアプローチは専門家主義を克服するのと同時に，学校のある地域の課題発見にも役立つ。子ども・青年の問題が多発する地域そのもののエンパワメントのあり方や人々の共同のワークのなかに新たな市民形成原理を発見したり，個別のアプローチがコミュニティアプローチに発展する際にはいくつかの前進面がみられることが多い。たとえば問題の対象理解を含め，チームの構成員やボランティアに「学び」があること。専門性が自分の所属する機関や組織の内部からも外部からも受け入れられ認められていることが実感できること。これらよって学校の内部と外部の変革を迫る実践的理論的力量形成の向上に近づくことができる。

　これらはソーシャルワーク機能の原理にもとづくものであるが，ケーススタディ型対応を通して個人や地域課題について考えていくだけでなく，地域調査型対応で，事実をつかみ分析するような介入のアプローチを兼ね備えることが大切である。

4　まとめにかえて－教師教育をめぐる課題

　日本の学校風土（文化）や制度，学校と地域・家庭との習慣的関係，そしてそのなかで活動するさまざまな援助専門職者（集団）の職務・行動様式において，ソーシャルワークの機能に関する知識や実践力を現職教育や教員養成段階においていかに位置づけていくのか。

　現状では，ソーシャルワークの理念や方法論の習得においてすぐさま制度的方法的に対応するのは困難である。しかしながら，学校ソーシャルワークへの力量形成をめざした場合，これまで述べてきた観点をふまえて教師教育（教員養成）をなしていくには，以下のようないくつかの次元での課題要件がある。

第一に，学習や研修機会のレベルでは，児童福祉・社会福祉関連法規の学習など，教職科目や教員研修における社会福祉的教養の整備充実があげられる。子どもの権利条約の締結という国際的な背景のなかで，子どもの自己決定と社会参加，意見表明のあり様を，差別抑圧的な社会構造から個人間トラブルという広い範囲のなかで意識化していく学習機会が教育経営（教育指導）側の責務になると思われる。

　第二に，教師（学生）の対人スキル形成というレベルでの課題である。福祉の対象を社会的弱者から権利主体へとする認識的転換を背景としつつ，国家による公共性から市民や当事者によって創り出す公共性への意識転換は学校教育においても例外ではない。こうした社会感覚の喚起にかかわって，たとえば地域における保護者住民とのトラブルの討議や具体的な共同活動で克服するための対人スキル（教師間のチームスキルを含む）の習得は欠かせない。教員養成にあってはその基礎として，教育実習の改革や介護等体験の展開，「総合演習」を通した技術論の復権などが考えられる。

　第三に，上述とかかわり，子ども・青年（世代）に対する対象理解と指導力形成のレベルである。学級崩壊にみられるように，支配－従属あるいは父権的保護主義（パターナリズム）が教師と子どもとのズレを生み出している。その点に実感をもって対処できる力量形成の方法論をいかに保持していくのか。これは大学授業者側の内面的改革にほかならない。

　第四に，今後最も言及すべき事柄として，教師（教育活動）の法的活動範囲についての検討というレベルである。個人のプライバシーや家族への介入，援助専門職との共同参画上の倫理的問題などをめぐって正当な法的整備は必須である。

【鈴木　庸裕】

注
（1）　岡村重夫『全訂　社会福祉学（各論）』柴田書店，1963年，138頁。
（2）　山下英三郎氏の所沢市教育委員会の訪問相談員としての取り組み『虹を見るために』（黎明書房，1989年）などがある。
（3）　新村洋史編『食と人間形成』（青木書店，1983年）などを参照されたい。

（4） 籠山京編『生活教育』国土社，1956 年，45 頁。
（5） 小川利夫『教育福祉の基本問題』，勁草書房，1985 年。
（6） 同上，49 頁。
（7） 城丸章夫『城丸章夫著作集』第 2 巻，青木書店，1992 年，193 頁（原著「現代学校の役割と民主主義」『季刊国民教育』第 5 号，1975 年）。
（8） Lillian D. Wald, *The House on Henry Street*, Transaction pub 1915.
（9） *Encyclopedia of social work* (19th), NASW Press, 1995, pp.2010-2013.
（10） Allen-Meares, P. Analysis of tasks in school social work, *Social Work*, 22, pp.196-202, 1977.
（11） Laink R., Social work services to school in the midwestern united states and in London: Acomparative study on the nature of guest status,*Social Work in Education*, 13-5,1991, pp.287-288（山下英三郎編訳『スクールソーシャルワークとは何か』現代書館，1998 年，157-158 頁）。
（12） *Encyclopedia of social work* (19th), NASW Press, pp.2089-2090.
（13） Robert Constable, John P. Flynn,and Shirley McDoald, *SCHOOL SOCIAL WORK*, 3rd edition, 1996.
（14） Standerds for school social work services, NASW（全米ソーシャルワーク協会編，日本ソーシャルワーク協会訳「ソーシャルワーク実務基準および業務方針」相川書房，71-82 頁，1997 年）。
（15） J. friedmann, *Empowerment; The politics of Alternative Development*, 1992（斉藤千宏・雨森孝悦監訳『市民・政府・NGO―「力の剥奪」からエンパワーメントへ』新評論，1995 年，4 頁）。
（16） Solomon, B., *Black Empowerment: Social Work in Oppressed Communitities*, New York, Columbia University Press, 1976, p.19.
（17） 佐伯胖他『教育実践と心理学の間で』東京大学出版会，1998 年，159 頁。
（18） The Ad Hoc Committee on Advocacy, The Social Worker as Advocacy: Champoin of Social Victims, *Social Work*, vol.14, No.2, 1969.

※本章は，日本教師教育学会年報 10 号『学校ソーシャルワークの創出と教師教育』（2001 年）にその初出がある。

第8章　家庭―学校―地域をつなぐ対人援助専門職

第1節　学校ソーシャルワークの役割

1　ネットワークや連携の再考

　今日ほどネットワークや連携という言葉が官民問わず乱発される時期はない。学校・家庭・地域の連携，子育て支援ネットワークなど，行政主導で年に1，2回部局長レベルが集まる協議会から，日々が共同実践である「親の会」やNPO，ボランティア団体の市民的活動まで，種々雑多の感もある。あえて種々雑多と失礼ないい方をするのは，それが誰のための，何のための連携やネットワークなのか不明なものが少なくないからである。

　そんななかに今日，地域生活指導がある。これは，地域社会の改変にたずさわるさまざまな援助専門職・実践者の取り組みのなかに生活指導的機能があることを明らかにしつつ，人々のいのちとくらしを支える営みである。この考え方は，地域で仕事をし生活をする対人援助専門職が通常の業務の枠を越えて，同じ地域の生活者として，あるいは生活者とともに相互自立をめざす実践として出発した。地域住民への啓蒙・啓発から「共同実践主体への転換」であり，さらには人々の自己決定や自己選択を疎外する見えざる尺度を浮き彫りにしながら，その社会的改変を広義に突き進めようとする目的的概念であった。

　ところが，この概念の広がりにとって必要な固有の方法論や技術論，政策論の提起については停滞している。知識，技術，価値の三位一体で考えると，方法技術に関する視点が遅れているといえる。それは教育，福祉，司法，医療，保健，看護等の実践者がチームをつくりつつも，問題解決のために継続的広範的実践を維持することの難しさ，たとえば「チーム会議」や「ケース会議」の

ための制度的，時間的，財源的保障の困難さ，そして関係者を橋渡したり連絡調整をする固有スタッフの設置もなく，あったとしても個人的使命感や情熱にのみ支えられている状況などがあげられる。

　さらに，当初は人々の安心できる人間関係や安全な生活空間の獲得といった居場所づくりから癒しや心理的な安定・回復のプロセスを経て，もう一歩，社会正義の追求や社会改革に羽ばたけないもどかしさがある。それだけ人々の孤立環境の根深さと行政施策のずれが厳しい状況にある。しかし，元気な「重要な他者」として生活や生き方のモデルとなる「伴走者」が人々の前に専門職として立ち上がってくる必要がある。子ども・青年やその養育者の行為行動の裏にある自立要求をいかにつかんでいくのか。その意味では，地域の専門職の自立要求に対する責任者，しかも子ども・子ども集団を中心に据え総合的に関与する人材の位置づき方や養成論が生活指導研究の一端を担う時代にきている。

2　切れているものをつなぐ

　今，教師が子どもたちと出会うのはどんなときなのか。突然のパニックや多動，離席などが「出会い」の出発点になっていることが多い。学校のルーティーンワークではなく教師個人の視野で，面談や家庭訪問をして家族に出会うきっかけが子どもの問題行動であったり，虐待の疑いやその発見という場面になってはいないだろうか。子どもが学校を休みがちになったところで，委員会で話題になったり担当者に情報が伝わる。その場合，教師の意識もさることながら，子どもの「プライバシーを守る」といういい方による不適切なかかわりがあったり，とくにスクールカウンセラー活用は，来談者対応型のカウンセリング構造がもつ限界とその有用性に対する現場の過信が問題を深めている。

　このことを子どもの側からみると，関係の切れた大人同士の間をさまよい続ける子どもの姿といえる。家族や学級集団での人間関係が切れている場合に，担任を超えてカウンセラーのもとに送られる状況は切れた関係をさらに深める行為にしかならない。反社会的行動によって警察や児童相談所に送られるケースにおいても関係者のつながりのない状態は，本人の修復的自己形成を疎外す

る。

　夫婦間や同居家族の世代間，隣人間，友人間が切れている子どもの姿が実は大人の共同作業（ソーシャルワーク）を呼び起こしている。

　この数年，「学校・家庭・地域の連携」「保健室と学級との連携」「総合的学習やTTを通した授業の連携」「関係機関との連携」など，「連携」ばやりである。また，ながらくスローガンやねらいとして冠されていたこの言葉が，教育現場への外部評価項目にさえなってきている。しかも，「連携」が「セーフティネット」として人々を監視する網の目になり，危機逃避や危機管理の見えざるシステムになっている。

　では，「連携」とはどのようなものか。たとえば，二人の人がしっかり両手で握手していると，いかにも協力しあっているとみえる。しかし，相手を両手で自分のほうに引き寄せる，あるいは引っ張り合っている姿にもみえる。これから考えていきたい連携とは，その二人の人の間に橋渡しする人がいて，相互の手をつなぐようにする。こうした橋渡しの人，境界面にたつ人，そして「環境の一員」が以下で扱う学校ソーシャルワークの担い手である。

3　学校ソーシャルワークの機能

　虐待を生み出す環境と虐待が生み出す環境の両側面において，「虐待環境」（あるいは「いじめ環境」）がある。家族病理や個の生育不全に着目する虐待防止論ではさらなる社会的孤立と自己責任を当事者へ強いることになる。たとえ疾病や経済的貧困，人口移動（死亡，離婚，出産など）があったにしても，かかえ込めない問題が出てきたときに受け止める社会的資源や人的資源のなさが，虐待環境となって存在している。人と人が切れているからこそ生まれてくる問題である。ネットワークがないからこそ，虐待（不適切な大人のかかわり＝マルトリートメント）が生まれてくる。

　生活指導の英訳はガイダンスである。「新入生ガイダンス」という言葉の使い方もあるが，最初の出会いからその人の一生や生活の計画に及ぶ長いスパンで人間に影響を与える行為である。入り口の部分でのかかわりだけではない。

まさしく「かかわりからつながり」への転換を意味するものであり，子どもたちやその家族に受け入れられるつながりの出発点である。このようなつながりを第一義にめざすのが学校ソーシャルワークである。まず，ソーシャルワークの定義と機能について示しておく。

　ソーシャルワークとは教育機関などで相談，援助，技術を用いたヒューマンサービスといった仕事内容のみでは表現できない。次のような国際ソーシャルワーク連盟（IFSW）の定義がある（今日，その見直しが進められている）。

「ソーシャルワークの定義」
　ソーシャルワーク専門職は，人間の福利（ウェルビーイング）の増進を目指して，社会の変革を進め，人間関係における問題解決を図り，人々のエンパワメントと解放を促していく。ソーシャルワークは，人間の行動と社会システムに関する理論を利用して，人びとがその環境と相互に影響し合う接点に介入する。人権と社会正義の原理は，ソーシャルワークの拠り所とする基盤である。(2000. 7.)

つぎに，学校にかかわる機能として以下の点があげられる。

仲介機能…他者や社会資源とをつなぐ仲介者としての役割
調停機能…子ども・学校・家庭・地域社会それぞれの間の食い違いやすれ違い，葛藤・対立を調停する役割
代弁機能…権利擁護やニーズを自ら表明できない人への代弁者としての役割
連携機能…個や集団に対して公的な社会サービスやインフォーマルな社会資源を結びつける連携者の役割，資源がない場合にはつくりだす
介入・調査機能…こちらから出向いていき，介入支援すること（アウトリーチ）と実際の調査
処遇機能…学校や施設の子どもに対する生活全般にかかわる直接的な援助

> 　　指導者としての役割
> 治療機能…カウンセラーやセラピストとしての役割
> 教育機能…教育者としての役割
> 保護機能…子ども等の保護（擁護）者としての役割
> 組織機能…フォーマル，インフォーマルな活動やボランティア団体などの
> 　　組織者としての役割
> ケースマネジメント機能…個人や家族，組織への援助支援の継承性や適切
> 　　な援助指導の提供をマネジメントする役割
> 社会変革機能…地域的な偏見・差別などの意識や制度の変革といった社会
> 　　改良，環境改善に働きかける役割[1]

　これらを一般的なスクールカウンセラーと比較してみる。近年，さも学校に「配置」されているような印象だが，あくまでも教育公務員の定数外であり，10年近くになるこの活用調査事業も早晩やってくるその評価は決して甘くない。
　先述のように，カウンセリング・心理教育機能はソーシャルワークにとって必要不可欠な営みであり，機能としても一領域にすぎない。カウンセリングとは，言語的な手段による面接で心理的相互作用によって問題を解決しようとするものである。その特徴は，個の行動変容と社会適応を目的とした対人援助サービスである。しかし，個人の内面変容や家族統合が中心で，地域福祉や生活福祉の諸サービスの提供は行わない。個人の心理やパーソナリティ問題を重視し，したがって，環境調整などの社会的視点からの援助に欠けている。面接という専門的な目的をもった会話であって，行動を通したアプローチではない。その点，教育者は，行動を通した心理的社会的相互作用に直接接点をもっており，生活指導教師にとっては何らこれまでの教育実践と変わりのない部分が多い。「臨床心理・セラピストは問題の少ないものへの援助に熱心で，より援助の必要なものには冷たい」といわれるのも当を得ている。
　臨床心理カウンセラーは，「さまざまな生活場面で発生する『困りごと』を『本人の内面＝心』に焦点づけて扱いやすい形で管理する役割を担っている」「つ

まり，『心の専門家』の仕事は本人の『生活の問題』を『心の問題』，つまり個人の内面の問題にずらす仕事として期待されている面を持つ」[(2)]。この指摘は『心のノート』にみる道徳教育の危うさと明確につながっている。

4 「黒子」の必要性

ところで，学校ソーシャルワークの今日的必要性は大きく以下の点にある。

第一に，市場主義的消費文化の身体化，地域文化共同（村の鎮守，祭など）や家族の崩壊など，子どもたちは大きな変化に飲み込まれながらも，学校は変化を許されず，がんばってこなければならなかった。一生懸命やってもうまくいかない。学校のもっている機能や役割が十分発揮できない。その一方，学校の問題は学校のなかで解決できるという発想や意識が根強い。また，さまざまな縛りがきつくなる学校現場で，「自分のクラスの子どもくらいは思い通りにしたい」という自己不全感の現われもある。

その際，学校ソーシャルワークはこのような学校をとりまくさまざまな機能不全や教育改革への外発的な取り組みではない。先述のソーシャルワークの機能を教育関係者の職務と結びつけることが目的である。そして，学校や子どもとその家族，地域への社会的心理的病理性への改善をめざすだけでなく，地域社会の福祉や幸せ，生活主体，新しいいのちとくらし，生きがいなどの創造，子どもの権利擁護，社会正義，平和，連帯，友情の創出をめざすものである。その際，他方で，子どものちからを活かしあるいは借りて，子どもソーシャルワークや子ども地域福祉を生み出そうとするものである。

要するに，学校や教師の「黒子」として，教師の授業・学習指導や学級経営・集団づくりが十全に運ぶよう，学校を支援する役割がこれまで独自に存在しなかったのである。いつも学校教師が，カメラで写されモニター画面で見られているような感覚を強いるものではなく，教師が子どもや親，地域住民とハッピーな関係が維持継続できるような，そのつなぎ目としての「黒子」が最も求められている。個別に見た実践課題の対象としては，学習指導とソーシャルワーク，特別なニーズをもつ子どもとソーシャルワーク，フリースクールなど

の教育機会とソーシャルワーク，子どもの後見人制度（権利擁護・代弁者）とソーシャルワーク，学校保健教育とソーシャルワーク，非行克服とソーシャルワーク，学校教育相談の改善とソーシャルワーク，子育て支援や保育所，学童保育づくりとソーシャルワークなど，その必要性は広がっている。

　生活指導における相互自立・人格形成論は，「生活が人間を陶冶する」という言葉が示すように，「生活が人を指導する」ところに立脚してきた。生活に困難をかかえる子どもの発達支援をめざしていくには，個の成長自立とそれをとりまく社会集団，環境の発展という複眼の実践視点が欠かせない。学校生活指導と学校ソーシャルワークや学校の福祉的機能の連続性は，北方性教育・生活綴方運動，生活教育のなかに脈々と流れてきたものである。生活指導概念がガイダンス論の登場以降，学級・学校，健康・保健，司法，職業指導，進路指導，心理的治療教育，精神医学的サービスに細分化してきた歴史がある。しかし，学校文化のなかで固有に発展してきた生活指導が今日的にそれらといかに再統合していくのか。こうした課題が実は，地域生活指導研究に大きく横たわっている。近年，「地域生活支援」という概念が障害児者の地域生活のあり方をめぐって提起されはじめている。いずれ検討しなければならない実践状況の一つになると考える。

5　学校ソーシャルワークの諸実践

　以上のことを裏づけるいくつかの実践をダイジェストで列記する。

---

① 虐待の発見から通告への対応とその後の対応に苦慮する学校関係者との連絡調整や虐待を背景とする子どもの集団内や対人的なトラブル，虐待者である養育者への働きかけの手順や計画づくりの担い手が必要になっている。そのほかに，民生・主任児童委員，保健センター，保健福祉事務所，児童相談所などの関係機関に対する活用方法や手続きについての教師支援などがあげられる。

② ひきこもりへの対応はさらに厳しくなってきている。教師の家庭訪問

やカウンセラーの本人，親への個別面談も遠のき，そして医者からも投薬以外関与してくれなくなった例など，通常，どこからも支援の手が伸びないかのような困難な場合がある。その際に，医療機関への家族の付添人活動や児童相談所，保健福祉事務所や地域の保健師，民生委員を学校に集めての「チーム会議」をおこなうコーディネーターの役割がある。かといって，学校ソーシャルワークの役割を担うものが一人で取り仕切るのではなく，学校管理者である校長が前面に出るように下で支え，イニシアティブを引き出しながら，かつ現状分析にとどまらず，集まったものがそれぞれに実行すべきことは何か。そのことを次回どうであったのかを検討する会議を運営する。

③ 家族と学校との対立が極まったとき，学校を飛び越えて，教育委員会へダイレクトに苦情や指摘が突きつけられることがある。飛び越えてしまうだけの理由を確認し，学校と家庭の間に入って調停あるいは相互の改善要求を行う役割がある。教師にとっても親にとっても双方にいやな感情が残る。こうした対立や葛藤の克服に適切に働きかける役割がある。

④ 今後，急増するものとして就学への対応と入学後の支援体制づくりがある。これまでの特別支援学級等での個別的対応ではなく通常学級において学業を継続するという方針が強く打ち出されている。親のわが子への「障害受容」に対する支援と就学から卒業後に視野を広げた個別指導計画，学校生活・放課後休日生活への援助について学校体制でできるものとそうでないものとの区別，たとえば，外部機関や地域ボランティア，「親の会」，NPOなどとの連携を構想することなどが切実に迫られている。

⑤ 学校と地域・家庭での生活・学習を相互にみる地域の人材を発見し育てるという役割もある。学区内の学童保育の指導員との交流をもつ教師にとっては理解しやすいことだと思われるが，学校と家庭の間には第三の生活の場・居場所がある。ここに着目することは，総合的学習の時間や校外学習活動で世話になる地域人材やボランティアの継続的な確保と結びつき，教育課程・学習活動の支援を含めた「学校応援団」の形成と

なって跳ね返ってくる。地域の学校ボランティアづくりを外的理由ではなく学校内部の意図と工夫で形成することは，地域の社会資源と子ども家庭をつなぐ役割となる。しかも，子どもが問題解決の場面に参加したり，困難をかかえる家族にとって手が届く支援資源を獲得しやすいという利点がある。生活の困難＝地域における孤立からの転換である。

⑥ 学校関係者にとって社会福祉やソーシャルワーカーをイメージしやすいのは，要保護家庭や就学給付の手続きかもしれない。給食費の滞納がはじまるまえに，保護家庭の申請を学校から促し，給食費の現金給付（現物支給）の部分を先に自治体から学校が受け取るようにしている現状が少なくない。学校事務，担任事務をふくらませる一つである「集金」業務もれっきとした学校における福祉的活動になっている。しかし，この手続きに「滞納―踏み倒し」の連鎖を断ち切れない温床がある。滞納の防止ではなく，地域課題や地域経済の破綻に子どもの教育の面から問題提起していく役割がある。いわば行政当局へのロビー活動（陳情・請願，申請）もソーシャルワーク機能として重要である。

⑦ 地域住民から，触法行為や遊び場での乱暴な子への苦情や訴えは真っ先に学校に連絡がくる。地域の子ども問題はすべて学校を経由する社会が生まれ久しい。どうしていちいち学校に連絡があるのかという感情と，学校に言えば何とかなるのではないかという感情がぶつかる場面である。その際，教師以外で，その現場に介入できる人は誰なのか。インフォーマルな関係も含め，教師に代わって，かつ適切に動いてくれる人を把握し，情報として発信できる役割をもつ。

以上をみると，「われわれはスーパーマンではない」といわれるかもしれない。しかしながら，その糸口はある。それが次のケースマネジメントの考え方である。

6　ケースマネジメントと地域生活指導

　ケースマネジメントとは，そもそも教育学の用語ではない。近年の使われ方

は介護保険，在宅介護支援，ホームヘルパー事業などで，対象者のニーズを克服する方法と知識と価値を包括的に追求する方法概念である。

　ケースマネジメントとは，「個人及び社会的背景に対する十分なアセスメントを行い，子どもや親の意思を尊重したうえで，社会資源の活用と機関連携がなされたケアプランが，第三者が見てもわかるように明確に具体化されたものとして作成する」(3)ものであり，個別計画－達成を追求するモデルではなく，個人や集団の生活支援モデルで追求していくものである。ある人が生まれてから成長する過程を間断なく包み込み，時々のニーズに応えていく。たとえば，障害をもって出生した時点で，将来の就学や就労とその継続を見通した環境づくりとサポート資源との連携やそれそのものの開発を築いていく仕事となる。たとえ担当者が変わったとしても維持継続するシステムを残し，場合によっては改変する出発点を位置づける営みである。病院や保育所，学校，養育施設などが症状別，年齢別に縦割りになっている壁を突き抜ける理論的実践的作業，これが地域生活指導研究の課題となる。

　しかし，こうしたケースマネジメントの進め方において，「専門家主義」「社会的弱者観」といった払拭すべき課題も多い。当事者のニーズに合わせて，社会の仕組みを動かすのではなく，社会の枠組みに当事者のニーズを当てはめる活用型になっていたり，ニーズに合うものがなければ代用あるいは泣き寝入りを強いられる。サービス提供者の考えや力量によって当事者のニーズが規定される状況が根強い。生活指導が要求の組織化・行動化を指導原理としてきた歴史からみて，まず，必要を要求に立ち上がらせるエンパワメントが欠かせない。

第2節　子どもの「生活の全体性」への着目

1　さまざまなニーズをもつ子どもたち

　「問題をかかえる児童・生徒」とは，「さまざまなニーズをもつ子どもたち」というのがふさわしいあろう。そのうえで，「環境への働きかけ」―専門的援助職―「対象理解」の関係性において，「対象理解」の部分に着目しなければなら

ない。たとえば，教室から飛び出ていく子がいるとする。本人は何かがあると教室から飛び出すということで，問題解決している。ここで，病理性からのみ着目するのではなく，その子どもは間違った問題解決の方法を学でいると理解する。その行動を丁寧に修正していく。ここに教育の力がある。そういう教師たちの気づきはひと頃よりも増えている。環境への働きかけとはソーシャルワーク固有の定義でもあるが，専門的な技術の前に，その子どもをどう捉えるかが大切になる。

「不登校の子―学校に行かない子―悪い子」という対象理解がそこにあると，子ども身のありのままの姿を最初に捉えるうえでその見方も異なり，ソーシャルワークという点で方法や技術も変わってくる。保護者や家族をどう捉えるかなど，専門的な援助職としての対象把握は価値の問題を含む。このあたりがソーシャルワーカーという職種の醍醐味でもあり，また難しさでもあり，外部から理解されにくい部分でもある。

2 「学校―家庭―地域」から「家庭―学校―地域」への再編

やや無意識であれ，一般にわれわれは「学校，家庭，地域」と並べて表現することが多い。これを「家庭―学校―地域をつなぐ」として，地域と家庭の位置づけの間に学校をおく。そのことで家庭と地域が結びついていく。

これはソーシャルワークという仕事の一つの特徴である。こうした仕事は教師には大きな負担となる。なぜなら学校が地域と家庭の間に入ることで多忙化が高まってしまう。そもそも日本の教育風土や学校と社会の関係は，明治期以降，学校は地域と強くかかわってきた。そもそも，運動会という行事も，国民の体力増進のために学校校庭などを提供して住民がみんな集まって綱引きをするなど，大人のための体力増進からはじまった。文化祭も，学校の体育館や講堂で住民の書画や文芸作品を展示，実演するものからはじまった。

ゆえに，日本におけるスクールソーシャルワーカーの仕事は，地域や家庭に対する教師の仕事と重なることが少なくない。

3　選択肢と人権保障

　学校がその問題解決のために，いかに「選択肢を増やす」のか。子どもや保護者，教師自身においても同様であるが，問題解決の選択肢の少なさが「生きづらさ」につながっている場合が少なくない。医療機関や司法機関も他機関との協働をめぐる困難さも同様である。家族や個人だけが孤立しているわけではない。

　そのなかで，学校が子どもを，家庭が子どもを，地域が子どもをというように個々ばらばらに動くのではなくて，学校，家庭，地域それぞれが対等に援助の手を出し合って，その真ん中に子どもたちの生活の場を位置づけていく。こうした関係が必要になってきている。これは誰もが総論賛成であるが，それを具体的に実践する人がこれまで明確に存在してきたわけではない。その担い手の一つに，スクールソーシャルワーカーの存在が近年確認されてきた。その意味では，広義のスクールソーシャルワーカーは社会の構成員全体にわたる。ただ，専門性や業務という観点からはその人材の範囲は限定されるべきである。

　近年，OECD諸国などの教育施策に着目するなかで，フィンランドの国状がよく話題になる。世界一「学力」が高いとされるが，この国には各学校にスクールソーシャルワーカーが複数名配置され，中学区位で1名のスクールサイコロジストが配置されている。歴史の異なる諸外国を例にあげることには限度はあるが，日本でも，すでに児童相談所やハローワークなどにおいて，心理職と社会福祉職を両方配置する努力がなされている。

4　教師文化—職務の無限定性の解消

　両親の離婚問題と重なり，思春期の多感な時期にそうした会話や家庭内，親戚の動揺を見て，すべてにおいて自信を失う。こうした不登校問題に対して，教師が子どもの親離問題に対応できるのか。教師にとって法律の支えも何もないところでの取り組みになる。節の3でも述べたように，子ども会活動や地域の健全育成，あるいは地域行事の進め方を教師が決めていることもある。それだけ，学校と家庭，学校と地域との敷居は外国に比べて低い。相互の信頼関係

というものを前提にしてきた。

　ただ，それを前提に無契約のもと，勝手に思い込んできたことを見直すべきである。スクールソーシャルワーカーの導入は，教職者の職務や仕事が無限定にシャドーワークとして広がることへの見直しにもつながる。

第3節　対人援助職としての教師像

1　社会福祉制度への関心

　スクールソーシャルワーカーとは，「社会福祉制度をはじめ幅広い社会的な制度や活動に関する情報や知識，そして地域福祉やソーシャルワークの領域で培われた専門的な援助技術を用いて，問題をかかえている児童・生徒とその家族等への支援を行う専門家」といわれる。主にソーシャルワークの手法を用いて，「児童・生徒の問題行動の背景にある，児童・生徒をとりまく家庭の問題や学校・地域に対して問題の改善や軽減，解決に向けた働きかけを行う人材」である。

　学校では把握しにくい個人や家庭状況（児童虐待，障害，経済的貧困，「要介護」状況，家族関係など）に対して専門的に理解し対応する人材として期待される。その際，スクールソーシャルワーカーの支援の視点として，以下があげられる。

・児童生徒がおかれている個と環境の相互作用に着目すること
・学校内あるいは学校の枠を越えて関係機関と連携すること
・学校内外の支援チーム体制を推進すること
・子どもの最善の利益を大切にしていくこと

　また，スクールソーシャルワーカーの具体的な活動を列記すると，以下のようになる。

---

① 学校や教育機関での面接や家庭訪問を通じて，問題行動に起因する子

どもの家庭環境状況などに関する情報収集と，具体的な援助の糸口をつくるために本人理解を深める。
② 子どもの相談相手になったり，一緒に活動したりという直接的支援だけでなく，保護者や教員へのニーズの代弁，問題解決に向けた情報の提供，地域機関との連携，児童福祉や障がい者福祉，地域福祉などへの橋渡しといった間接的支援活動を行う。
③ 社会福祉的視点に立った支援チーム会議での提言や問題解決への支援を行う。

2 丁寧な子ども理解に向けて

スクールカウンセラーは，「心の教育」「こころの専門家」というフレーズで世に広がった。ややもするとスクールソーシャルワーカーも，経済的困窮家庭へのケースワーカー，長期欠席児童・生徒への家庭訪問員，養育に問題のある保護者への対応者といった，教育・福祉施策の不備を水際で食い止めるという為政者本意の捉え方が増幅されかねない危険性がある。

それを常に回避し，自己点検していくために，子どもを支える教師や保護者，地域の「子ども理解」に対し丁寧に変容を迫りながら，①教師と子どもとの関係性を組み替えていくこと，②子どもや保護者のストレングス（強さや意欲）を引き出すこと，③教師・学校関係者がチームをつくり子どもの人生を考えていくうえでのコーディネート，④学校内外の人材（社会資源）をつなぐこと，を実現していくことが大切になる。

しかしながら，スクールソーシャルワーカーの力量やその人材を活用する側の学校の意識や力量にもよるが，以下のような未整理な事柄も山積している。
- 学校がもつ管理風土のなかで子どもの権利擁護を主務とするスクールソーシャルワーカーの役割がどこまで発揮されるのか
- 生活指導や教育相談，進路指導，特別支援の教師がもつ実践力量とスクールソーシャルワーカーのワンストップサービスやケースマネジメントとの

関係，スクールカウンセラーとの関係，人材を配置できる財政的な地域間格差，安定した職業としての所得保障や就労条件の問題

しかも，スクールソーシャルワーカーがやるべきこと，ワーカーにしかできないこと，教師にしかできないこと，教師がやってはならないこと，スクールカウンセラーと協働することなど，関係者相互のこうした「対話」はやっとはじまったばかりである。

そして，幼・保―小―中の連携や保健福祉行政との「つなぎ」とそれらのフォローアップやモニタリング，児童虐待や深刻なネグレクトへの対応の際の介入，「要保護児童」や障害児の自立支援と就労支援への「支援チーム会議」づくりにおいて，教育，心理，福祉，医療などそれぞれの業務や価値観，専門性の共通理解化（チャンネルあわせ）をいかにつくりあげていくのか。

これは，人材育成という面で，従来の社会福祉士などの専門職養成の枠組みにのみに委ねうるものではない。子どもと教師，親と教師，学校と地域専門機関の間に入り，双方の言葉を翻訳して相手に伝える人材の育成は，子どもの自立や成長に関連する諸領域や分野全体がこぞって課題にするなかで成熟していくと考えられる。

3 おわりに―これからの生活指導にとって

こうしたスクールソーシャルワーカーの「業務遂行権」は何を根拠に承認，発揮，構築されていくのか。教育委員会が雇用する人材であることが，学校を軸にして動くときの「業務遂行権」になるというような，行政の権限に依拠するものではない。その権限は，つねに問題や課題を「発信する」という意味でのストレングスをもつ子どもや家族，教師から付与される。悩みを自ら発信できない人々への代弁や代理の役割はその一つの典型であろう。

今後，スクールソーシャルワーカーによってもたらされる学校内外の社会システムの有効化とネットワーキングが，教師の仕事，とりわけ生活指導教師にどのような変容をもたらしていくのか。その検証はまだその時期には至っていない。しかしながら学校にソーシャルワークの視点が入ることで，生活指導実

践の何がどう変わっていくのか。

　この関心事について，いくつかのポイントがある。

　その一つ目は，生活者として学校に通う子どもたちに対応していく大人の多様なかかわり方やネットワークの促進と支援方法の改善。

　二つ目は，生活の共同化の課題において，地域の人々がつながること自体が「子どもの最善の利益」になるという視点の掘り下げである。

　将来，子どもの自立支援にとって，ソーシャルワークが学校（家庭・地域）に根ざすために，生活指導が教育実践とソーシャルワークとをいかに橋渡しするのか。あるいはソーシャルワークが地域生活指導の発展をいかに呼び込んでいくのか。これはこれまでの「教育と福祉の溝」を埋める大きなチャレンジの一環となるのではないだろうか。
　　　　　　　　　　　　　　　　　　　　　　　　　　　【鈴木　庸裕】

注
（1）　高橋重宏編『子ども家庭福祉論』放送大学出版，1998年，238頁を参考にした。
（2）　小沢牧子『「心の専門家」はいらない』洋泉社，2002年，72頁。
（3）　日本社会福祉士会編『社会福祉援助の共通基盤（下）』2001年，73頁。

※本章の初出は「学校ソーシャルワークの役割と地域生活指導」『生活指導』明治図書2003年6月号で，一部手を加えたものである。

第9章　情報社会に生きる子どもと生活指導

　今の子どもたちの多くにとって「ケータイ」（スマートフォンなどの携帯端末も含む）は，日常生活に欠かせないコミュニケーション手段の一つとなっている。そうした状況のなか，学校教育における生活指導を考える際には，ケータイを抜きに語ることはできないといっても過言ではない。

　そこで本章では，ケータイやネットの世界に深くかかわっている子どもたちの現状と課題について考えていくことにする。具体的には，第一に，ケータイやネットの利用にまつわる問題の在処を探っていくことにする。第二に，文科省が把握するケータイやネット利用の現状とその対策について概観する。第三に，情報社会における生活指導のあり方について考察していくことにする。なお，情報産業におけるハードウェアとソフトウェアの進歩は日進月歩であり，子どもたちをとりまく環境変化も大きい。しかし，本章で取り上げる事例や統計などは，今後の情報社会と生活指導のあり方を考えるうえで重要な基点となるものである。

第1節　子どもとケータイの結びつき

1　情報社会と子ども

　子どもたちは，情報社会とどのようにかかわっているのか。その一端をみるために，まず子どものケータイ利用を取り上げてみよう。内閣府の調査によれば，ケータイ，スマホ，タブレットなどの機器を利用している人の割合は，小学生では8割以上（84.2％），中学生では9割以上（91.5％），高校生ではほぼ全員（98.5％）となっている。学校段階が上がるにつれて，ケータイなどの利用

率が高くなっていくことがわかる。つぎに，インターネットの利用状況をみてみよう。コミュニケーションをしたり，動画を見たり，音楽を聴いたりして，ネットを利用している人の割合は，小学生で 53.0％，中学生で 79.4％，高校生で 95.8％となっている。また，ネット利用の平均時間は，小学生では 83.3 分，中学生で 130.2 分，高校生で 185.1 分となっている[1]。年齢が上がるにつれて，ケータイからネットを利用する割合が高くなっていくことがわかる。このように，中高生になると，ケータイやネットの世界に親しんでいき，情報社会とのかかわりを深めている様子がうかがえる。

2　「思春期メディア」としてのケータイ

　下田博次は，恋愛サイトを一例にしながら，「ケータイは 10 代の思春期の子どもたちのニーズに応えるよう設計され，売り出された商品である」という理由から，携帯電話のことを「思春期メディア」と名づけている[2]。同様に，尾木直樹も，思春期とケータイなどが有する特性との親和性を指摘している。すなわち，「"自意識過剰"な思春期に日本語さえわかれば世界中の誰でもが，（中高生である―筆者注）きみのブログにアクセスできるという状況というのは，たまらない刺激です。地球規模の大舞台の主役になれるのですから」[3]と述べている。このように，思春期という成長段階の観点からみても，子どもとケータイは切っても切り離せない関係にあり，ケータイは思春期にある子どもにとって重要なアイテムとして位置づいているといえよう。

第 2 節　ケータイ・ネット利用にまつわる問題の在処

　ここでは，ケータイやネットを利用することで，子どもたちがどのような意識や行動を身につけるのかをみていくことにする。そして，そのことを通して，ケータイやネット利用をめぐる問題点を探っていくことにする。

1　ケータイでつながる「友だち」

　まず，子どもたちが，身近な他者とケータイを使ってどのようなコミュニケーションをし，どのような関係を取り結んでいるのかをみていくことにしよう。

　仲島一朗らによれば，若者は，普段からよく会っている友だちや恋人といった 10 人にも満たない仲間とのコミュニケーションを一層緊密化させるためにケータイを使っているという。ケータイで連絡を取り合うことで，仲間との絆をいっそう強め，心理的には 24 時間一緒にいるような気持ちになれる「フルタイム・インティメイト・コミュニティ」をつくり上げていると述べている[4]。若者たちは，ケータイで「いま何してる？」といった他愛のない内容をメールでやりとりしながら，いつでもどこでも，友だちとつながっているのである。

　しかし，その「つながり」をめぐって，さまざまなことが指摘されている。一つ目は，返信ルールに関してである。これは，友だちからメールがくると，3 分以内に返信をしないといけないというルールである。地域などによって，1 分以内とか 15 分以内とか，多少ばらつきがある。そうしたルールがあるにもかかわらず，時間内に返信をしないと，絶交されることもある。しかも，友だちからのメールに，はやく返信をすることこそ，親しさの証となる。いちはやく返事をくれた相手こそが親友なのである。そうであるがゆえに，子どもたちは，いつでもすぐに返信ができるように，勉強中も，食事中も，入浴中も，ずっとケータイを手放さず，常にメールの着信を気にしなければならないのである[5]。

　二つ目は，つながり方に関してである。フルタイム・インティメイト・コミュニティは，ケータイを通して「いつも一緒」にいることが重要である。しかし，「いつも一緒」にいる状態にこだわるあまり，中身のないメールのやりとりを繰り返すばかりとなり，お互いの内面の理解が深まらないという点が指摘されている。換言すれば，フルタイム・インティメイト・コミュニティにおけるつながり方は，常に友だちと連絡を取り合うといった「関係の形式面での濃密性」と，友だちを十分には理解できていないといった「関係の内容面での希薄性」が同居しているということである[6]。

こうしたフルタイム・インティメイト・コミュニティは，どのような変化を子どもたちにもたらすのであろうか。「便りのないのはよい便り」という言葉がある。広辞苑によれば，「連絡がないのは相手が無事な証拠だということ」を意味しているという。ケータイがなく頻繁に連絡が取れなかったころの昔の友だち関係においても，こうした要素が反映されていた部分があった。つまり，連絡がないことはよいことであり，友だちが順調な生活を送っていると信じ合うしかなかった。しかし，ケータイが普及することによって，連絡がないことは悪いことであり，友だちが怒っているサインなのかもしれないと不安になるようになってしまったのである。このことは，これまでの「友だち」概念を変えていく可能性がある。それは，ケータイでいつも連絡を取り合うことこそが，「友だち」であると考えるようになるからである。しかも，ケータイで結ばれた友だち関係は，可視化できてしまう。ケータイのアドレス帳に何人のメールアドレスが登録されているか，どれくらいメールをくれるか，すぐに返信をくれるか。そうしたことを通して，友だちは何人いるのか，自分のことを気にかけてくれる友だちは誰か，友だちとの関係は浅いのか深いのかが，明確になってしまうのである。「可視化される友だち」。ケータイが子どもたちの生活に深く浸透することによって，「友だち」概念や友だちとの関係の取り結び方が変わってきたといえよう。

2　学校裏サイトにおける悪意

　学校が公式に設けているホームページを「表」のサイトと呼ぶのに対し，児童・生徒が非公式に設けている学校に関する掲示板などのことを「学校裏サイト」と呼ぶ[7]。「学校裏サイト」には，「この学校でカッコイイのは誰か」「期末テストの出来は」「文化祭はどうだった」といったことが，主に携帯電話から書き込まれ，他愛のない話で埋め尽くされる。しかし，掲示板へ書き込みをしていくなかで，ときに，「ウザイ」「死ね」といった言葉とともに，相手を激しく非難したり，誹謗中傷したりすることが起こり，いわゆる「ネットいじめ」に発展していくことがある。このように「学校裏サイト」が「ネットいじめ」

の温床となることが問題視されているのである(8)。

　学校裏サイトの現状をみるために，筆者の授業を受講している大学生に高校時代の学校裏サイトに関する体験を，自由記述で回答してもらった(9)。ここでは，そのなかから，三つの回答を紹介する。「中高一貫の私立学校だったのですが，(学校裏サイトが―筆者注)ありました。裏サイトの掲示板で，様々な実名を出したような噂が書かれる問題が多発してました。学校で盗難事件（おさいふ）が起きたとき，犯人扱いされてしまった子もいました。あとは先生の悪口が多かったです」。「裏サイトでは，ウワサや悪口が書かれていました。友だちが，裏サイトのいじめにあって，退学してしまいました」。「高校時代は，学校裏サイトがあり，自分は書いたり書かれたりはありませんでしたが，『○○キライ』や『□□と△△はできている』などの書き込みはあったそうです」。

　「学校裏サイト」における「ネットいじめ」の特徴としては，第一に，原則的には匿名で悪口を書き込めることである。誰が書き込んだのかを隠すことができ，手口が陰湿となる。第二に，書き込みを見る人数が膨大になる可能性があることである。当事者同士だけではなく，クラス全員が，場合によっては学校の生徒全員が悪口を見ることも可能であるので，影響が広範囲化する。第三に，簡単にできることである。匿名で相手の悪口を言いふらすためには，昔は怪文書的なメモを作成し，それを友だちに回覧してもらうという手間暇がかかった。しかし，今ではケータイさえあれば指先一つで行うことができるようになった(10)。

　こうして，学校裏サイトにおけるネットいじめは，書き込む側と書き込まれる側とで，明暗を分けることになった。書き込む側は，自分だと特定されずに，ムカつく友だちの悪口を書き込むことで，モヤモヤとした「どす黒い気持ち」がスカッとして気が晴れる。書き込まれた側は，書かれた内容にショックを受け，友だちの誰が犯人なのかと疑心暗鬼になり，全校中の生徒が見ているのではないかという不安感に襲われ，「奈落の底」に突き落とされた気分になる。

　「学校裏サイト」の登場により，いとも簡単に相手を陥れることができるようになった。それにもかかわらず，そうした手段には訴えず，友だちへのモヤ

モヤとした「どす黒い気持ち」を自分自身のなかで落ち着かせていくには，どうしたらよいのか。そうした方向での多様な解決策を模索していく必要がある。

3　日常生活世界に侵入するプロフ問題

　プロフィールサイト（以下，プロフ）とは，自己紹介するページとして中高生を中心に人気のサイトである。利用者は，氏名，年齢，住所，好きな食べ物や音楽など，さまざまな質問に答えるかたちで簡単に開設でき，顔写真も掲載できる。また，プロフ内にある掲示板で，他者とメッセージをやりとりできる。

　プロフの現状をみるために，筆者の授業を受講している大学生に高校時代のプロフに関する体験を，自由記述で回答してもらった[11]。ここでは，そのなかから，二つの回答を紹介する。「中学，高校の時，いじめではないけれど，『Z（仮名－筆者注）』という自分のプロフィールを作れるサイトがあって，そこの掲示板で，ウワサとかをイニシャルをつかって書いてあるのを見たことがあります」。「プロフによるいじめもあった。プロフの中に，悪口を書いたりしたということも聞いている」。このように，プロフでも，学校裏サイトと似たような「ネットいじめ」が起こっており，学校裏サイトと同様の問題が生じている。

　しかし，学校裏サイトとプロフでは，大きく異なる点がある。プロフ特有の問題を考えるために，2008年4月に千葉県で起きた事件を取り上げてみることにする。

　新聞報道をまとめると事件の概要は，以下のとおりである。インターネットのプロフに悪口を書かれた報復に中学生を殴り殺そうとしたとして，千葉県警は4月中旬，無職少年（17歳）を殺人未遂容疑で現行犯逮捕した。少年は午前0時半ごろ，公園で，中学3年の男子生徒（14歳）の頭を金属バットで数回殴って殺害しようとした疑いがもたれた。少年は，18～22歳の仲間6人と車で男子生徒の自宅近くまで行き，連れ出したという。男子生徒は頭の骨を折り，意識不明の重体となった。事件のきっかけとなったのは，男子生徒が，暴走族グループのリーダー用の服を着た画像をプロフに載せたことから，この暴走族グループの一員だった少年などが書き込みを始め，プロフ上で言い争いが起き

たことである。県警によると，少年は「男子生徒が開設しているプロフに，数ヶ月前から（男子生徒に）悪口や『半殺しにしてやる』などと書かれ，頭に来ていた。態度が生意気なので懲らしめてやろうと思った」と供述しているという。男子生徒と少年は，直接顔を合わせたのは今回が初めてであった。少年が知人に相談し，男子生徒の住所などを割り出したとみられている（『読売新聞』2008年4月23日付および9月10日付記事）。

　この事件が示すように，プロフの問題は，ネット上の問題だけではなく，日常生活世界（たとえば，学校生活や家庭生活などの現実世界）の問題としても立ち上がる点が，特徴的である。原則的に匿名で文字のみを書き込む学校裏サイトと異なり，プロフは，詳細までは示されないにせよ，名前，年齢，住所などの情報が提示され，顔写真も掲載されるので，投稿者がある程度特定されてしまう。しかも，友だちの友だちをたどっていくと，特定できる確率も上がってくる。その結果，プロフ上での言い争いが，日常生活世界にもち込まれ，前述したような事件が起きてしまうのである。このように，個人が特定化されることで，ネット世界の問題が，日常生活世界にもち込まれてしまうという点に，プロフ問題の特徴がある。

　思春期の子どもたちのなかにある自分を知ってほしいという気持ちと，知られすぎてしまうことによって発生するトラブル。そこには，どこまで自己紹介してよいのかという線引きの問題がある。喫緊の対策としては，プロフには，実名やメールアドレスなどの個人情報は掲載してはいけないという注意を促す方策がとられることになる。しかし，この問題は，より根本的には，他者に示す自己のあり方を巡る問題として捉えることができる。具体的には，ケータイやネットの世界が広がっていくことによって，日常生活世界における「実名の他者」，学校裏サイトなどにおける「匿名の他者」，プロフなどにおける「半実名／半匿名の他者」と，さまざまな他者と出会うことになる。そうした性質の異なる他者に対して，どれくらい自己を呈示するのか，あるいはどのような自己を呈示するのかという問題が新たに立ち上がってくることになる。そうした意味で，プロフ問題は，他者と対峙する自己のあり方の問題を投げかけている

といえよう。

第3節 文科省のケータイ・ネット対策の変遷

文科省は，ケータイ問題などをどのように捉え，どのような対策を示してきたのであろうか。その是非はともかくとして，そうした動向は，子どもの教育にかかわる者にとって，おさえておく必要があるであろう。そこで本節では，文科省が行った調査や，事例集などを概観しながら，その変遷をたどっていくことにする。

1 「児童生徒の問題行動等生徒指導上の諸問題に関する調査」

毎年行われている「児童生徒の問題行動等生徒指導上の諸問題に関する調査」では，2006年より「いじめの態様」に「パソコンや携帯電話等で，誹謗中傷や嫌なことをされる」の項目が追加された。小学校，中学校，高等学校，特別支援学校における「パソコンや携帯電話等で，誹謗中傷や嫌なことをされる」件数の推移をみてみると，2011～2012年度にかけて急増し，その後も増

図9.1 「携帯電話等で誹謗中傷や嫌なことをされた」件数の推移

出典：「児童生徒の問題行動等生徒指導上の諸問題に関する調査」。
なお，図は調査結果をもとに筆者が編集した。

加傾向が続いている（図9.1参照）。

> **解説** ケータイを巡る問題が量的に増加していることは，非常に気がかりである。スマホが登場するなど，子どもたちのケータイ利用やネット利用が広がったからであろうか。今後とも，注意深くその推移を見守っていく必要がある。

2 「青少年が利用する学校非公式サイト（匿名掲示板）等に関する調査について（概要）」

「青少年が利用する学校非公式サイト（匿名掲示板）等に関する調査について（概要）」（2008年4月15日発表）は，学校裏サイトと呼ばれることもある学校非公式サイトに関して，中高生2418人に対して行ったアンケート調査の結果を示したものである。調査結果のポイントは，以下のとおりである。

第一に，学校非公式サイトの閲覧経験と書き込み経験の割合をみてみると，閲覧経験がある人は，23.3％となっている。また，閲覧経験者の13.8％が，「書き込んだことがある」と回答している。第二に，学校非公式サイトの閲覧目的をみると，「暇つぶし」（76.8％），「友だちに関する情報交換」（14.1％），「その他学校生活や先生等に関する情報交換」（11.9％），「クラブ・部活動の情報交

表9.1　学校非公式サイトで不適切に感じたものトップ10（複数回答　N＝354）

1．同じ学校の生徒の悪口	41.0％	6．わいせつな書き込み	17.2％
2．暴言（乱暴な言葉）	33.3％	7．個人情報（実名，住所，メルアド等）	11.3％
3．先生の悪口	28.2％	8．先生のこと	9.3％
4．あらし	27.1％	9．わいせつな画像	9.0％
5．同じ学校の生徒のこと	19.5％	10．クラブ・部活動のこと	8.2％

出典：「青少年が利用する学校非公式サイト（匿名掲示板）等に関する調査について（概要）」をもとに筆者が作成。

換」（10.2%）となっている。第三に，学校非公式サイトへの閲覧経験のある人で，不適切に感じた書き込みは，「同じ学校の生徒の悪口」（41.0%），「暴言（乱暴な言葉）」（33.3%），「先生の悪口」（28.2%），「あらし」（27.1%）の順となっている（表9.1参照）。

　なお，今後の対応として，情報モラル教育とその啓発活動などの必要性が述べられている。また，今後の課題の一つとして，学校非公式サイトに関して，保護者や教師による見守りを困難にするような，閉鎖型のサイトへの対応が述べられている。

> **解説**　調査の結果によれば，まず，学校非公式サイトの閲覧経験者は2割程度であり，そのうち書き込み経験者は1割程度にすぎない。学校非公式サイトにアクセスする者は，限られていると考えられる。また，閲覧目的では，なんらかの情報交換のために，学校非公式サイトを見る者も一定数いるものの，大多数は暇をもてあましたときに学校非公式サイトを見るという状況が明らかになった。必要があって閲覧するわけではないとすると，中高生の日々の生活が充実すれば，閲覧者が減少するのかもしれない。さらに，書き込みで「不適切に感じたもの」に関しては，生徒や先生の悪口などが上位にあがっており，身近な他者との間で生まれたストレスのはけ口として，学校非公式サイトが利用されていることがわかる。

3　「『ネット上のいじめ』に関する対応マニュアル・事例集（学校・教員向け）」

　「『ネット上のいじめ』に関する対応マニュアル・事例集（学校・教員向け）」（2008年11月発表）は，「ネットいじめ」に対して，学校が有効な方策を共有できていないという背景をもとに作成されたものである。

　内容を一部紹介すると，「掲示板等への誹謗・中傷等への対応」では，五つの流れが提示されている。まず第1段階として，「『ネット上のいじめ』の発見」である。児童生徒や保護者からの相談により，「ネット上のいじめ」の事案を

把握することが多い。第2段階は,「書き込み内容の確認」である。掲示板のURLを控え,書き込みをプリントアウトするなどして,内容を保存する。第3段階は,「掲示板等の管理者に削除依頼」することである。「利用規約」などに書かれている削除依頼方法を確認し,学校等のパソコンやメールアドレスからメールを送信する(個人のパソコンやメールアドレスは使わない)。第4段階は,「掲示板等のプロバイダに削除依頼」することである。掲示板等の管理者に削除依頼しても削除されない場合などは,プロバイダへ削除依頼を行う。第5段階は,「削除依頼しても削除されない場合」である。管理者やプロバイダに削除依頼しても削除されない場合は,警察や法務局・地方法務局に相談するなどして対応方法を検討する。

なお,掲示板などでの被害を防ぐための指導のポイントとして,次の3点をあげている。第一に,掲示板などに誹謗・中傷の書き込みを行うことは,いじめであり,決して許される行為ではないこと。第二に,掲示板などへの書き込みは,匿名で行うことができるが,書き込みを行った個人が特定されること。とくに,書き込みが悪質な場合などは,犯罪となり,警察に検挙される場合もあること。第三に,掲示板などを含めインターネットを利用する際にも,利用のマナーがあり,それらをしっかりと守ることにより,インターネットのリスクを回避することにつながった事例もあったこと。

そのほか,「ネット上のいじめ」などへの対応の充実として,①情報モラル教育の充実と教員の指導力の向上,②保護者への啓発と家庭・地域との連携,③対応マニュアルの活用のあり方の3点が示されている。また,事例編では,中学校や高等学校での事例と,その対応の流れが詳細に示されている。

4 「学校における携帯電話の取扱い等について(通知)」

「学校における携帯電話の取扱い等について(通知)」(2009年1月30日発表)は,都道府県教育委員会等に対して出されたものである。これまで,マスコミなどで,たびたび取り上げられてきた部分は,「学校における携帯電話の取扱い」に関してである。すなわち,学校における教育活動に直接必要のないものであ

ることから，小学校および中学校では，学校への携帯電話の持ち込みを原則禁止とする。また，高等学校では，授業中の携帯電話の使用禁止や，学校内での携帯電話使用禁止など，生徒の携帯電話の使用を制限すべきである。このほかにも，情報モラル教育の充実や家庭や地域における取組みの重要性が述べられている。

5 「子どもの携帯電話等の利用に関する調査結果（速報）」

「子どもの携帯電話等の利用に関する調査結果（速報）」（2009年2月25日発表）は，小学6年生，中学2年生，高等学校2年生の合計1万6893人，その保護者1万6893人，ならびに小，中，高校の合計5000校に対して行った大規模調査の結果を示したもので，主要な結果は以下のとおりである。

第一に，高校生のインターネット利用目的を明らかにした。図9.2は，主に携帯電話で行うインターネットの利用目的トップ10を示したものである。「メールのやりとりをする」（90.5%），「音楽などのダウンロードをする」（70.2%），「他人のプロフやブログなどをみる」（63.3%），「他人のプロフやブログなどに書き込みをする」（52.6%），「小説やマンガを読む」（41.3%），「興味のあること

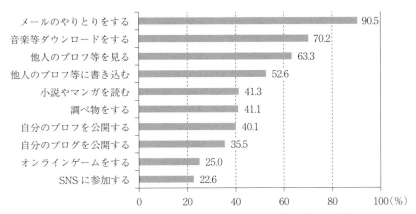

図9.2　高校生のインターネット利用目的トップ10（N＝3575）

出典：「子どもの携帯電話等の利用に関する調査結果（速報）」をもとに筆者が作成。

や遊びのための調べ物をする」(41.1%)，「自分のプロフを公開する」(40.1%)，「自分のブログを公開する」(35.5%)，「オンラインゲームをする」(25.0%)，「コミュニティサイト (SNS) に参加する」(22.6%) の順になっている。

第二に，携帯電話利用と生活習慣の関係や，家庭と携帯電話利用の関係等を明らかにした。具体的には，一つ目として，「携帯電話での1日平均のメール送受信件数等と普段の就寝時間との関係」では，携帯電話をよく使う子どもほど，就寝時間が遅くなることである。二つ目は，家庭と携帯電話利用の関係では，携帯電話に関するなんらかのルールが家庭にある子どものほうが，携帯電話の利用マナーを身につけていることである。

第三に，今後求める取組みでは，高等学校では，「危険性や注意点について，子どもが学ぶ機会を設けること」(75.8%)，「有害サイトへの規制を強化すること」(74.9%)，「フィルタリングの使用を徹底させること」(74.7%)，「危険性や注意点について，保護者が学ぶ機会を設けること」(71.2%)，「各家庭で携帯電話の使用に関するルールを決めること」(59.7%) の順に割合が高かった (図9.3参照)。

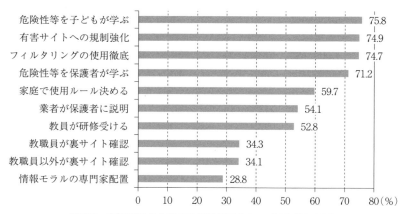

図9.3 高等学校が今後求める取り組みトップ10 (N = 534)

出典:「子どもの携帯電話等の利用に関する調査結果 (速報)」をもとに筆者が作成。

> 解説　まず,「高校生のインターネット利用目的」では,高校生は,メールをするためだけにケータイを使っているのではなく,音楽を聴いたり,プロフに書き込んだり,マンガを見たり,ゲームをしたりといったように,多様な目的でケータイを利用していることがわかる。また,「携帯電話利用と生活習慣等との関係」では,子どもたちの携帯電話利用が,生活習慣に影響を及ぼしている現状や,家庭のあり方が携帯電話利用に影響を及ぼしている現状を明らかにした。しかし,そうしたことの背後に別な要因があることが推測され（たとえば,どのような子どもが携帯電話をよく使っているのか,どのような家庭がルールを設けているのか　など),それらの分析もあわせて進めていかなければならない。さらに,「今後求める取組み」では,ケータイにまつわる問題は,学校が熱心に指導にあたれば解決するというものではなく,子ども自身の取組み,サービス提供業者や行政の取組み,保護者の取組みといった,各方面からの取組みが求められているといえる。

6　「青少年を取り巻く有害環境対策の推進〜青少年が利用するコミュニティサイトに関する実態調査〜」

「青少年を取り巻く有害環境対策の推進〜青少年が利用するコミュニティサイトに関する実態調査〜」（2010年3月発表）では,まず青少年の利用者数が多いと思われる20サイトを取り上げ,そのなかの約10万件の投稿をチェックし,「注意を要する投稿」と「問題のある投稿」を検出した[12]。そして,検出された6158件の投稿を対象に分析を行った結果が示されている。調査結果のポイントは,以下のとおりである。

第一に,「注意を要する投稿」と「問題のある投稿」のサイトの種別についてみてみると,プロフが53％,ゲーム・SNSが25％,掲示板が9％の順になっている（図9.4参照）。プロフに,「注意を要する投稿」や「問題のある投稿」が多い原因として,「自分だけのページ,仲間内だけにしか教えないページと

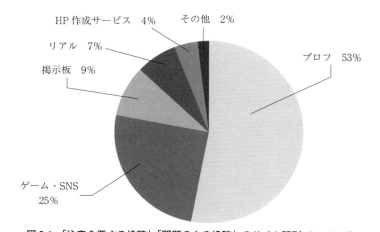

図 9.4 「注意を要する投稿」「問題のある投稿」のサイト種別 (N = 6158)
出典:「青少年を取り巻く有害環境対策の推進〜青少年が利用するコミュニティサイトに関する実態調査〜」をもとに筆者が作成。

いう間違った理解で、安心してプライベートな事まで書いてしまう」からであると指摘されている。また、「注意を要する投稿」や「問題のある投稿」がなされる場所の中心が、学校非公式サイト(学校裏サイト)として注目された掲示板型のサイトから、プロフやSNSに移行していると述べられている。

第二に、「注意を要する投稿」「問題のある投稿」の内訳は、「個人情報等の掲載(個人が特定されうる情報の公開)」が60％、「不適切行為(飲酒や喫煙行為に関する告白)」が21％、「自傷」が7％の順になっている。

なお、今後の対策として、SNSを青少年が利用することを前提とするのであれば、サイト(業者)側で投稿内容の監視を徹底すること。ブラックリスト方式にせよ、ホワイトリスト方式にせよ、18歳未満の利用者は原則としてフィルタリングに加入することが重要であることなどが述べられている[13]。

解説　まず、「注意を要する投稿」と「問題のある投稿」のサイトの種別に関しては、問題のある場所が、学校非公式サイトからSNSに移行することで、新たな問題が立ち上がっているといえよう。今後、こうした問

> 題にどのように対応していくのかが問われている。次に，「注意を要する投稿」「問題のある投稿」の内訳に関しては，とくに「個人情報等の掲載」が大部分を占めている。前節で述べた，プロフ問題が日常生活世界に侵入するという，個人が特定化されてしまうことによる問題性を裏づけている結果であるといえよう。

第4節　情報社会における生活指導にむけて

　子どもとケータイをめぐる問題は，どのように解決していけばよいのであろうか。中高生に対して，ケータイの所有を禁止するかたちでの解決は，もはや現実的ではないと考えられる。そうであるならば，いかなる解決策があるのか。最後に，解決に向けての方向性を3点あげておくことにする。

1　子どもとケータイの関係を捉えつづける

　1990年代半ばに女子高生を象徴するアイテムとしてポケベルが注目された。ポケベルの利用の仕方の一つとして，電話番号を無作為に押して「ベル友」をつくることが認知されるようになった。この「ベル友」の出現により，「不特定多数との広範なコミュニケーション（異性交遊も含め）」が社会問題化することになる。その後，子どものパーソナル・メディアの中心が，PHSやケータイへ移り変わっていくことによって，「ベル友」の問題は，「メル友」の問題へと引き継がれていった[14]。

　1990年代半ば以降，子どもとパーソナル・メディアとのかかわりは，急速に発展してきたといえる。それとともに，子どもとパーソナル・メディアに関する問題も，急速に変容していった。最近でも，一時，「学校裏サイト」として問題化された件について，問題のある書き込みをする場所がSNSへと移行するといったように，問題が変容していっている現状が浮き彫りになった（第3節6参照）。このように，子どもとケータイやネットに関する問題は，日々変

化している。
　これからケータイやネットの進化は，これまでよりもさらに速くなっていく。それとともに，大人が思いもよらない問題がこれからも生じていくのであろう。変わりゆく子どもとケータイとの関係を捉えつづける必要がある。

2　関係者による議論を深める

　子どもとケータイの問題に対して，誰が責任を負うべきなのであろうか。そこにはさまざまな考え方がある。一つ目は，ケータイは，保護者が子どもに買い与える私的なモノである以上，保護者が責任を負うべきであるという考え方である。二つ目は，情報社会へと子どもたちを送り出す立場である学校が，将来に備えケータイやネットの利用の仕方を指導すべきであるという考え方。あるいは，学校の友だち関係を背景として，ケータイのトラブルが起こるのだから，学校が責任を負うべきだという考え方である。三つ目は，ケータイやネットという商品やサービスを巡ってトラブルが起きているのだから，ケータイを製造・販売している業者やネットのサイトを運営している業者が責任を負うべきだという考え方である。四つ目は，ケータイの製造・販売業者やサイトの運営業者を規制する立場にある行政が，責任を負うべきだという考え方である。
　このように，ケータイやネットをめぐる問題は，使用者本人も含め，保護者，学校，業者，行政が，責任の一端を認識し，解決に向けて真剣に取り組まなければならない。それぞれがどのようなかたちで，どれくらい責任をもつのかという議論を深めていく必要がある[15]。

3　より深い次元での対応を考える

　子どもとケータイの問題に対しては，情報モラル教育といった緊急的な対策は必要であろう。しかし，より抜本的な解決を望むのならば，もう少し深い次元での対応を考えなければならない。
　第2節では，「友だちの関係のあり方」「友だち関係における嫌な気持ちの解消の仕方」「自己呈示のあり方」といった問題を提起した。それらは，より広

い視点からみれば，いずれも子どもが取り結ぶ関係のあり方に関する問題として捉えることができる。すなわち，学校の友だちとケータイを通してどのような関係を構築するのか。友だち関係で生まれた「どす黒い気持ち」を，学校裏サイトに書き込むことによって晴らすのではなく，いかにして自分自身の中で消化するのか。プロフでやりとりする相手にどこまで自己呈示するのか，といった問題である。

　こうした問題の解決に向けて，「実名の他者」「匿名の他者」「半実名／半匿名の他者」といった多様な他者と関係を取り結んでいく能力を身につけることが重要である。そのためには，まず日常生活世界での「実名の他者」との関係構築能力が基礎になることは間違いない。そのうえで，「匿名の他者」「半実名／半匿名の他者」との関係構築能力を，応用的に育成していくというプロセスになるであろう。まずは，家庭，学校，地域での「実名の他者」とのかかわりを充実させていく必要がある。

　LINE，ツイッター，フェイスブックなどのSNSが急速に広まり，スマホやケータイを通して，子どもたちは，さらに多様な他者との関係を深めている。そうであるがゆえに，ケータイやネットをめぐる問題の解決のためには，子どもの生活全般にわたって，そのあり方を見つめ直していく必要がある。

【石井　久雄】

注
（1）　内閣府「青少年のインターネット利用環境実態調査報告書」2015年3月発表。
（2）　下田博次『学校裏サイト』東洋経済新報社，2008年，142頁。
（3）　尾木直樹『「ケータイ時代」を生きるきみへ』岩波書店，2009年，60頁。
（4）　仲島一朗他「移動電話の普及とその社会的意味」『情報通信学会誌』第16巻3号，1999年，79-91頁。
（5）　加納寛子『即レス症候群の子どもたち〜ケータイ・ネット指導の進め方〜』日本標準，2009年，12-14頁。
（6）　石井久雄「携帯電話で結ばれた青少年の人間関係の特質〜『フルタイム・インティメート・コミュニティ』概念をめぐって〜」『子ども社会研究』9号，2003年，42-59頁。
（7）　「学校裏サイト」という呼び方以外にも，「勝手サイト」，「非公式サイト」という呼び

方がある。詳細は，中田周作「子どもとインターネット，ケータイ」永井聖二他編『消費社会と子どもの文化』学文社，2010年，149-161頁を参照のこと。
(8) 詳しくは，下田博次『学校裏サイト』(前掲(3))および藤川大祐『ケータイ世界の子どもたち』(講談社，2008年)を参照されたい。
(9) このアンケート調査は，2011年7月に大学4年生19名，大学2年生10名対して実施したものである。
(10) 石井久雄「インターネット・ケータイと高校生」『月刊高校教育』学事出版，2008年8月号，24-27頁。石井久雄「学校裏サイト」江川玟成他編『教育キーワード』時事通信社，2009年，242-243頁。
(11) このアンケート調査は，2011年7月に大学4年生19名，大学2年生10名対して実施したものである。
(12) 「注意を要する投稿」とは，学校名，バイト先名のみなど，個人が特定できないであろう個人情報等，青少年以外への中傷，暴言，飲酒や喫煙行為に関する告白など。「問題のある投稿」とは，メールアドレス，電話番号など青少年と直接連絡がとれる個人情報等，出会いを誘引する書き込み，いじめ，自殺，自傷の告白などであると，定義されている。
(13) そのほかにも，文科省は，以下のような対策を行っている。①2011年4月から小学校，2012年4月から中学校，2013年度入学生から高等学校で全面実施した。②新学習指導要領の総則で，「情報モラル」を身につける必要性を示している。③文科省が2011年4月に示した「教育の情報化ビジョン～21世紀にふさわしい学びと学校の創造を目指して～」では，「第2章 情報活用能力の育成」の部分で，ネット上の誹謗中傷やいじめなどの問題をふまえたうえで，学校での「情報モラル教育」の重要性を訴えている。
(14) 下田博次『子どものケータイ～危険な解放区～』集英社新書，2010年，37-60頁。
(15) 議論の中身には，子どもとケータイのつきあい方のプロセスをどのように設定していくのかも含まれる。具体的には，「子どもにいつごろからケータイを所有させるべきなのか」「誰がどのように使い方を教えるのか」「年相応のサイト利用とは」など議論すべき課題は多い。なお，藤川は，子どもたちにメディアリテラシーを身につけさせるために，掲示板の管理人をやらせてみるという示唆に富んだ試みを紹介している（藤川大祐『学校・家庭でできるメディアリテラシー教育』金子書房，2011年，141-144頁）。

索　引

capability　　40, 41, 42, 53
SNS　　148-151, 153
well-being　　40, 42, 43, 53, 90, 102

あ

アソシエーション　　50, 55-69
アソシエーション過程　　61, 62, 65, 69
新しい公共　　14, 15-21, 33
アドヴァンスト・リベラリズム　　10, 17, 18, 20, 21, 28
アドボカシー　　111, 113-117
アントレプレナー　　30
岩川直樹　　41, 53
インターネット　　137, 141, 146, 147, 149
上野千鶴子　　72, 84
ヴォランタリー・アソシエーション　　50, 59, 60, 63, 65
エンパワメント　　111-113, 117, 123, 129
応答　　74-84
大谷禎之介　　57, 69
岡野八代　　76, 85
オルタナティヴ・ストーリー　　65-69

か

ガイダンス　　95, 122
カウンセラー　　121, 124, 127
格差　　39, 46, 52, 71, 114, 134
学級　　50, 55-65, 67-70, 95, 97, 121, 122, 125
学級経営　　56, 58, 61-63, 65, 69, 125
学級集団づくり　　55, 57, 61-65
学校裏サイト　　139-142, 144, 150, 151, 153
学校ソーシャルワーク　　101, 102, 105-110, 115, 117, 120, 122, 123, 125-127
学校におけるソーシャルワーク機能　　114
学校の福祉的機能　　86-89, 98, 126
学校非公式サイト　　144, 145, 150
学校福祉　　86, 97, 108
環境管理型権力　　23-25, 27-31, 33
管理組織としての学級　　58, 61
規格化　　25, 26, 66, 67
基礎集団　　63, 64, 69, 70
教育における福祉的機能　　105
教育福祉　　104
教師文化　　131

協治（ガバナンス）　　13-15
業務遂行権　　134
清眞人　　75, 85
規律・訓練権力　　24, 25, 28, 29, 31, 32
経済的貧困（poor）　　39, 40, 42, 43, 54, 132
ケースマネジメント　　128, 129, 133
ケータイ　　136-140, 142, 143, 149, 151-153
権力過程　　6, 61-63, 68
公共性　　15, 118
構造改革　　7, 9, 19, 21, 47
子ども集団づくり　　49-51, 55, 57, 63, 65
子どもの最善の利益　　88, 115, 132, 135
コミュニティ　　16, 18, 19, 30, 33, 37, 56-59, 61, 69, 83-85, 110, 117, 138, 139
コミュニティサイト　　148-150
コミュニティとしての学級　　57-59, 61

さ

捧堅二　　57, 60, 69
佐藤嘉幸　　31, 33, 38
佐藤慶幸　　60, 69
支援チーム会議　　133, 134
自己肯定感　　45
事実としての福祉　　102-104
思春期メディア　　137
自治集団としての学級集団　　58, 59, 61
実名の他者　　142, 153
児童福祉法　　88, 99
下田博次　　137, 153, 154
社会権　　17, 45-49, 51, 83
社会的養護　　87
社会福祉　　86, 87, 89, 90, 95, 99-103, 105, 110, 112, 118, 128, 132-134
自由権　　17, 45-49, 83
情報社会　　136, 137, 151, 152
城丸章夫　　86, 99, 106, 119
新時代の日本的経営　　7
新自由主義　　4, 7-10, 15, 16, 19, 21, 48, 51, 83
新保守主義　　8-10, 21, 83, 84
スクールサイコロジスト　　131
スクールソーシャルワーカー　　50, 130-134
鈴木道太　　91, 92
生活教育　　90, 91, 93-95, 104, 126
生活指導　　7, 19, 20, 23, 24, 32, 33, 39, 40, 43-

45, 47, 49, 51, 56, 59, 60, 62, 65, 68, 71, 86-88, 90-98, 120-122, 126, 129, 133-136, 151
生活指導における福祉的機能　93
生活台　3, 96
生活の質　95, 102, 103
生活の全体性　129
生活福祉　89, 91, 93, 94, 96, 99, 102, 106, 124
生徒指導　26, 31, 97, 143
ゼロトレランス　10, 23, 30-32
セン, A.　38, 39-42, 52, 53
相互承認的な関係　45
総集団　63, 64
ソーシャルワーク　86, 101, 102, 105-111, 114, 115, 117, 120, 122-128, 130, 132, 134, 135
ソロモン, B.　111
存在要求　43-45, 47, 49, 50, 53

た

第一次集団　64
高橋哲哉　76, 85
竹内常一　69, 70, 94, 100
多元的なアクター　13, 14
田畑稔　61, 69, 90
地域教育連絡協議会　115
地域資源　115
地域生活支援　126
地域生活指導　98, 120, 126, 128, 129, 135
地域福祉　93, 98, 124, 125, 132, 133
中央教育審議会　15, 17
綴方教育　91, 94, 96
「『強い』指導」「強い『指導』」　23, 24, 30, 31, 34
適切な保護を請求する権利　48
データ　28, 29, 32
当事者性　35, 36, 71, 72, 74, 77, 78, 80, 81, 85
統治（ガバメント）　9-15, 19, 22, 27, 28, 58, 61
統治としての教育　10-14
ドゥルーズ, G.　25, 38
特別な教育的ニーズ　109
匿名の他者　142, 153
トータル・コミットメント型組織　59, 63
ドミナント・ストーリー　65-68
留岡清男　91, 100, 104
友だち　81, 138-140, 142, 144, 152, 153

な

中西正司　72, 84
仲間関係　64, 85

21世紀日本の構想懇談会　10, 21, 85
日本経営者団体連盟　7, 29
ネットいじめ　139-141, 145
ネットワーク　7, 49, 51, 55, 111, 115, 120, 122, 135

は

ハーヴェイ, D.　9, 15, 21
長谷川裕　25, 37
発達要求　43-45, 47, 49, 50
班　56, 58, 61, 63-65
半実名／半匿名の他者　142, 153
反福祉的状況　99, 103, 106
平田オリザ　77, 85
貧困　39-46, 49, 51-54, 71, 72, 84, 96, 102, 104, 105, 122
福祉の「教育化」　89
フーコー, M.　25, 38
フリードマン, J.　111
フルタイム・インティメイト・コミュニティ　138, 139
プロフィールサイト（プロフ）　141
傍観者　35, 71, 72, 77, 82, 85
保護　55, 86-89, 95, 104, 106, 124
ボランティア　13-15, 17, 19, 56, 60, 61, 74, 77, 79-81, 89, 90, 96, 101, 111, 117, 120, 124, 127, 128
ホワイト, M.　66, 70

ま

松井範惇　41, 53
松本伊智朗　39, 52, 71, 84
学び　80, 83, 84, 88, 96, 115, 117
宮坂哲文　93, 100

や

山崎正和　11, 22
裕福（rich）　39, 40, 43, 52
よき市民　16-19
呼びかけ　74-82, 84

ら

ライフスタイルの主体　16
リスクマネジメント　20
ローズ, N.　10, 18, 28, 30
渡辺治　9, 21

わ

ワンイッシューの組織　59

〔著者紹介〕

山本 敏郎（やまもと　としろう）

日本福祉大学子ども発達学部子ども発達学科教授
広島大学大学院教育学研究科博士課程後期単位取得退学
広島大学，金沢大学を経て現職
学会活動：日本教育学会，日本教育方法学会，日本生活指導学会（理事），日本教育政策学会，日本学童保育学会（理事），日本学校ソーシャルワーク学会．
主要著書・論文：
　『新しい時代の生活指導』有斐閣，2014年（共著）
　『生活指導　改訂版』学文社，2014年（共著）
　『学校と教室のポリティクス』フォーラム・A，2004年（共著）
　『特別活動の基礎と展開』コレール社，1999年（共著）
　「学童保育実践研究とは何か」日本学童保育学会編『学童保育』第2巻，2012年
　「アソシエーション過程としての集団づくり」全国生活指導研究協議会編『生活指導』700号，明治図書，2012年
　「教育と福祉の間にある教師の専門性」日本生活指導学会編『生活指導研究』28号，エイデル研究所，2011年

鈴木 庸裕（すずき　のぶひろ）

福島大学大学院人間発達文化研究科学校福祉臨床領域教授
愛知教育大学大学院教育学研究科修了　修士（教育学）
学会活動：日本学校ソーシャルワーク学会，日本生活指導学会，日本特別ニーズ学会，日本教師教育学会，日本社会福祉学会，日本子ども家庭福祉学会
主要著書・論文：
　『「ふくしま」の子どもたちとともに歩むスクールソーシャルワーカー』ミネルヴァ書房，2012年（編著）
　『震災復興が問いかける子どもたちのしあわせ―地域の再生と学校ソーシャルワーク』ミネルヴァ書房，2013年（編著）
　『教師のためのワークブック―子どもが笑顔になるスクールソーシャルワーク』かもがわ出版，2014年（共編著）
　『スクールソーシャルワーカーの学校理解―子ども福祉の発展を目指して』ミネルヴァ書房，2015年（編著）

石井 久雄（いしい　ひさお）

明治学院大学文学部教職課程教授
筑波大学大学院博士後期課程教育学研究科単位取得退学　修士（教育学）
主要著書・論文：
　「消費社会・情報社会と子ども文化」陣内靖彦他編著『教育と社会』学文社，2012年
　「生徒指導をどう考えるか～いじめ問題を中心に～」望月重信他編『日本の教育を考える』学文社，2010年
　「子ども育成組織活動の展開」住田正樹編『子どもと地域社会』学文社，2010年
　「スクールカーストの多様性に関する一考察　～中学生と高校生の友だちグループを巡って～」『明治学院大学教職課程論叢　人間の発達と教育』第10号，2014年
　「小中一貫校における中学生から小学生への『お世話活動』の意義に関する一考察～小中交流がもたらす影響に注目して～」『日本特別活動学会紀要』第19号，2011年

〔監修者紹介〕

小島 弘道 (おじま　ひろみち)

龍谷大学教授，京都教育大学大学院連合教職実践研究科教授，筑波大学名誉教授
東京教育大学大学院教育学研究科博士課程単位取得満期退学
神戸大学，奈良教育大学，東京教育大学，筑波大学，平成国際大学を経て現職
この間，モスクワ大学で在外研究
学会活動：日本教育経営学会理事・元会長，日本教育行政学会，日本学習社会学
　会前会長
主要著書：
『学校と親・地域』東京法令出版，1996年
『21世紀の学校経営をデザインする　上・下』教育開発研究所，2002年
『教務主任の職務とリーダーシップ』東洋館出版社，2003年
『校長の資格・養成と大学院の役割』東信堂，2004年（編著）
『時代の転換と学校経営改革』学文社，2007年（編著）
『教師の条件―授業と学校をつくる力―（第3版）』学文社，2008年（共著）
：中国語訳書　王玉芝译・陈俊英审〈教师的标准-课程建设与学校建设的能
力〉（戴建兵主编〈晏阳初农村丛书〉）中国农业出版社（汉　语），2012年
『スクールリーダシップ』学文社，2010年（共著）
『学校づくりとスクールミドル』学文社，2012年（共著）
『学校教育の基礎知識 全訂版』協同出版，2015年（編著）

[講座 現代学校教育の高度化18]
学校教育と生活指導の創造
――福祉社会・情報社会における学校と地域――

2015年11月5日　第1版第1刷発行

監　修	小島	弘道
著　者	山本	敏郎
	鈴木	庸裕
	石井	久雄

発行者　田中　千津子　　〒153-0064　東京都目黒区下目黒3-6-1
　　　　　　　　　　　　電話　03（3715）1501 代
発行所　株式会社 学文社　FAX　03（3715）2012
　　　　　　　　　　　　http://www.gakubunsha.com

©T. Yamamoto/N. Suzuki/H. Ishii 2015　　　印刷　新灯印刷
乱丁・落丁の場合は本社でお取替えします。
定価は売上カード，カバーに表示。

ISBN 978-4-7620-2574-7